妊娠・出産 & 子育て

お母さんのための冷えとり術

進藤義晴　進藤幸恵

PHP文庫

○本表紙図柄＝ロゼッタ・ストーン（大英博物館蔵）
○本表紙デザイン＋紋章＝上田晃郷

はじめに

冷えとり健康法は着実に広まっていますが、まだまだ受け入れることができない人もたくさんいます。素直に「冷えとり」を受け入れて継続する人には、老若男女を問わずよい効果があることがわかっています。

一番の実例は私です。93歳になった今も、病院には行かず、薬も一切飲まずにいます。しかし、頭はそんなにボケずにいますし、酷暑でも熱中症にならずに過ごしています。

とはいえ年齢には逆らえないもので、耳は遠くなり、視力もずいぶん落ちました。どんな健康体でも、生きている以上は必ず死にます。年寄りは若者よりも先に、親は子よりも先にこの世を離れます。

これが「道理」です。

ところが世間を見回すと、この道理を忘れている人が多いようです。たとえば、子どもを過保護に育てる大人たちです。

親が他界したあと、子どもが一人で生きていけるだけの知恵と根性を教えるのが親や周りの大人の務めです。

よく世間では「子どもは『授かりもの』」と言いますが、それは間違いで「預かりもの」なのです。ある時期がきたら、社会の一員として独立させるまで一人前になるよう、しっかり育てる義務があるのです。

遊ぶときは、親や周りの大人が体を使って一緒に遊ぶということが大切です。そうすれば自然に子どものことがわかるようになるし、子どもも大人の言うことをきけるようになります。

世間では、ちょっと厳しくすると非難されますが、「虐待」と「しつけ」は違います。そのことをしっかりと考えるべきでしょう。

「人生は楽しみや幸せを求めるためのものではなく、修行をするもの」――その修行に耐えられるような人間に育てるのが、親であり周りの大人の役割だということを忘れずに、子育てに取り組んでください。

二〇一六年一〇月

進藤義晴

まずは、おさらい　冷えとりとは？

頭寒足熱の理想の状態をつくる

人間の体は、自覚症状がなくてもたいてい冷えており、それによってさまざまな心身の不調がもたらされます。

ストーブの暖気が天井近くに溜《た》まったり、クーラーの冷気が足元に溜まったりするように、熱気は上がったまま、冷気は下がったまま循環しなくなる性質があります。

体も同じで、熱が上半身に留《とど》まり、下半身はつねに冷えている状態をそのままにしていると、血液や東洋医学でいうところの「気」が循環しなくなり、体にとってよくない「毒」（31ページ）が溜まってしまいます。

体内の循環をよくするには、全身を温めるのではなく、**下半身をしっかり温めて、上半身は涼しくする、いわゆる「頭寒足熱」の状態をつくることが大事です。**

一番よいのは**半身浴**。それから**靴下の重ね履《ば》き**です。

半身浴

「気持ちのいい、ぬるめのお湯」に20分以上ゆっくり入ります。温度は40度以下の熱すぎない程度に保ちます。一般的には37〜38度が入りやすいようです。

浴槽のフタを半分閉じて、本や雑誌を読むようにすれば、1時間や2時間は平気で入っていられますよ。

体が熱くなりすぎたと感じたら、湯船の縁《ふち》に腰かけて足湯をしながら休憩するなど、いろいろ試してみてください。

半身浴

40℃以下（37〜38℃が入りやすい）の
「気持ちいいぬるめの湯」
20分以上ゆっくり浸かる。
時間が許せば何時間入ってもいい
バスタブの縁に腰かけて、
足を浸しておくのもＯＫ
お風呂から出たら、
上半身の肌着よりも
先に靴下を履く
深い浴槽の場合、
風呂場用の椅子などを
入れるとやりやすい

靴下の重ね履き

冷えをとるには半身浴が一番よいのですが、つねに浴室にいるわけにいきません。

そこで、半身浴の状態を保つために、服装で工夫をして「靴下の重ね履き」をします。

ただし、**化学繊維（化繊）の靴下を重ねると、湿気が溜まって不快な暑苦しさを感じてしまいます。**

ゴムによる締めつけもあって、とても重ねて履けないでしょう。

靴下の履き方

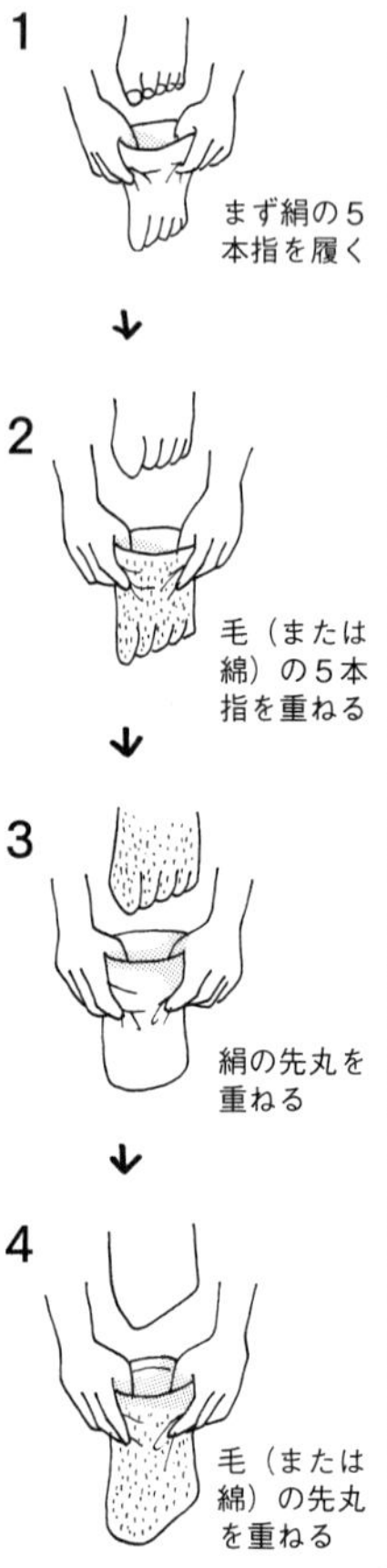

1
まず絹の5本指を履く
2
毛（または綿）の5本指を重ねる
3
絹の先丸を重ねる
4
毛（または綿）の先丸を重ねる

そこで、**異なる特性を持った天然繊維――絹と毛（もしくは綿）を交互に重ねて履きます**。重ねることで適度な温度と湿度を保つ層ができ、いつも快適に過ごせます。

絹は保温性に優れて排毒作用（32ページ）が強いため、肌に直接触れる一番下は必ずこれにします。

毛は保温性に優れていながら、同時に過度な湿気を外に出す作用があります。

綿は吸湿性に優れており、安価で破れにくく扱いやすい素材です。

靴下は最少でも4枚、可能なら8枚でも10枚でも重ねてかまいません。摩擦《まさつ》に弱い天然繊維を守るために、一番外側に1枚だけ化繊の靴下を履いてもいいでしょう。

5本指の靴下がよいのは、足の指の間は毒を出しやすいからです。最初は違和感を覚えることもありますが、それはむしろ毒が体から出たがっている証拠なのです。

毒出し（32ページ）で靴下には穴があきます。破れる場合もありますが、親指の先なら肝臓や膵《すい》臓、かかとなら腎臓や性器といった具合に、体の不具合に応じて薄くなり、溶けるようにスッとその部分が抜けてしまうのです。毒が出ている時期はどんどん穴があくものなので、穴を繕《つくろ》って履くようにしましょう。

足　湯

ゴミ出し用の大きなビニール袋などでバケツごと足を包むとお湯が冷めにくい
途中、熱い湯を足しながら30分くらい続ける
熱すぎない湯を入れて両足をつける

繰り返し穴があいて修復不能になった靴下は、ほかの靴下と合体させて補強したり、肌をさする用途に使ったりすることもできます。皮膚をさすると毒出しになりますが、絹はそれにも最適なのです。

赤ちゃんのうちから重ね履きをさせることで、健康な子になります。

足湯

半身浴をするのがどうしても難しいときは、足湯という手もあります。

半身浴より高めの温度、「ちょっと熱いかな」と感じる程度の温度が理想です。

東洋医学の「陰陽五行説」で考える

冷えとりは、東洋医学の「陰陽五行説《いんようごぎょうせつ》」を基盤の一つにしています。

陰陽五行説とは、「互いに生み出し合い、攻撃し合う関係性を持つ、木・火・土・金・水の5つの基本要素から万物はできている」という古代中国の思想です。

13ページの図は、陰陽五行説を図解したものです。

五芒星《ごぼうせい》の5つの角に木・火・土・金・水が置かれ、そこに五臓六腑《ごぞうろっぷ》が割り当てられています。それを円がつないでいる形です。

五芒星の矢印は、攻め合う形を表しています。

たとえば、左の「水」は腎臓・膀胱《ぼうこう》が割り当てられていますが、ここに毒が溜まって弱ると、その毒を右の「火」の心臓・小腸に押しつけ、そこで症状が出るようになります。この場合、症状だけ見ると、心臓・小腸が悪いように見えるのですが、本当の原因は「水」の腎臓・膀胱にあるということになります。

円は逆に、助け合う関係を表します。円の矢印の始点と終点に「親」「子」とありますが、これは「子の毒を親が引き受ける」という意味です。先ほどのたとえと同じく、「水」の腎臓・膀胱に毒が溜まって弱った場合、今度は左下の「金」肺・大腸がその毒を引きとって助けます。この場合は、症状は肺・大腸に出るのですが、原因は同じく腎臓・膀胱にあるということです。

体はこうして、内臓どうしで互いに毒を行き来させることで、全体でバランスをとりながら、生命を維持しているのです。

そして陰陽五行説は、物質だけでなく季節や方角、色、内臓の働き、味覚や感情にも、関係してきます。

「肌が黒くなるのは腎臓の毒のせい」「メソメソした言動は肺が弱いせい」など、さまざまなことが簡単に言い当てられます。

昔の人は自然現象や人間の健康状態などを観察し、こうした法則にまとめ上げたのです。

陰陽五行図（五臓の特徴とそれぞれの関係）

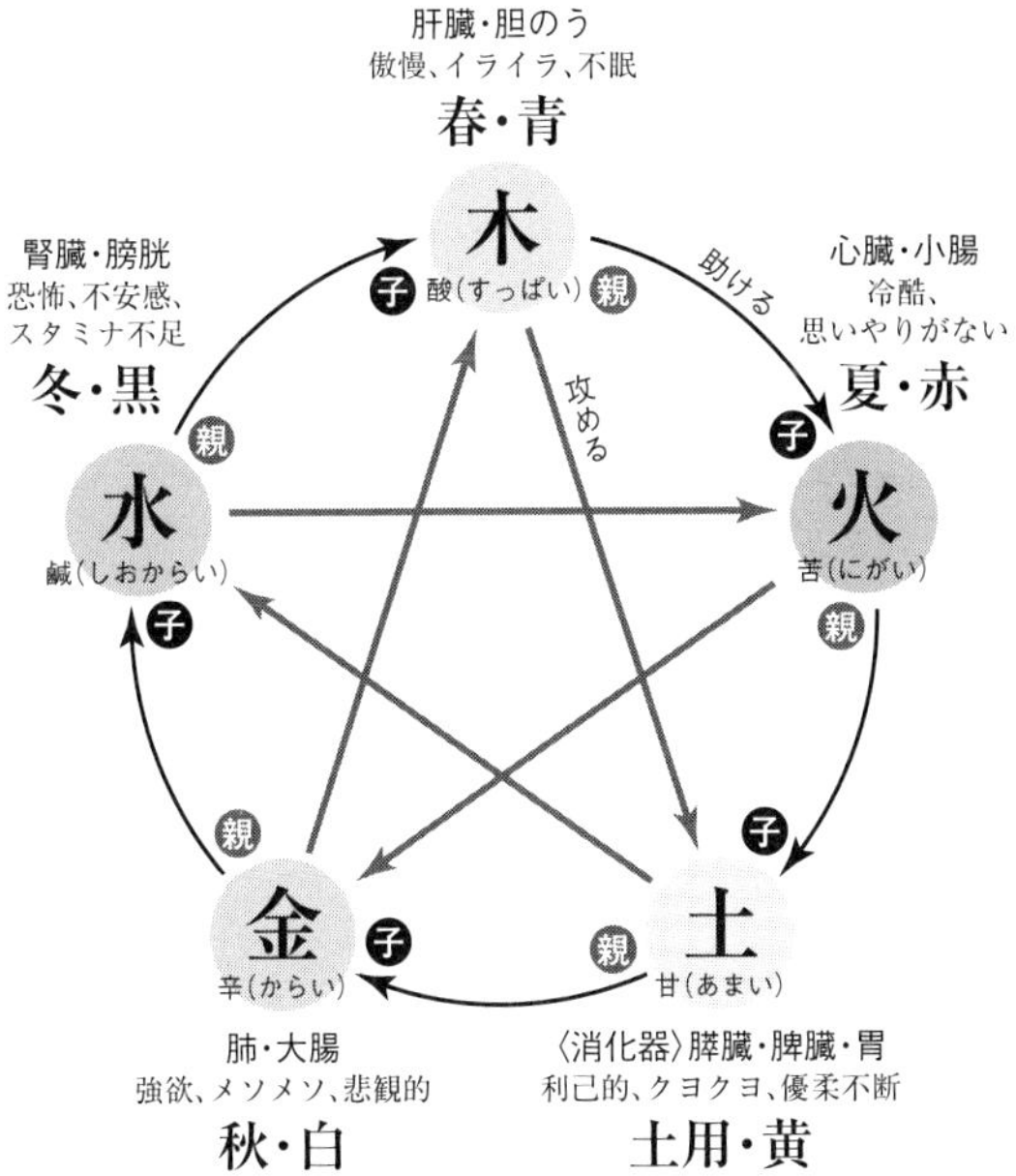

五臓にはそれぞれ助け合い、攻め合う関係があり、
すべてつながっています。

妊娠・出産＆子育て
お母さんのための冷えとり術

目次

第1章

女性の体と冷えとり
——子どもを授かるため&産むための過ごし方

第2章

冷えとり子育ての基本的な考え方

第3章

冷えとり的、子どもの褒め方・叱り方

——しつけの基本

第4章

子どもと遊ぼう！

――冷えとり流　遊ばせ方&遊び方

第5章

冷えとり版・家庭の医学

――子どもの病気や発熱に

第1章

女性の体と冷えとり

——子どもを授かるため
&産むための過ごし方

女性の体は冷えやすい——。
でも、「冷え」ってどういうことなのでしょう。
“幸せになる医術”「冷えとり」の基本と、
心やすらかに妊娠・出産に臨むための冷えとりテクニックを
お教えします！

正しい方法で「冷え」をとる

「女性の体に冷えは大敵」――昔から言われてきたことです。

特に、妊娠を望んだり、出産をひかえていたりする女性にとって、冷えが大きな問題となることもあります。

出産後に、重い冷え性になって悩む女性もいます。ホルモンバランスの乱れや、授乳による貧血などが考えられますが、赤ちゃんの面倒などで、ただでさえ忙しい産後にそのような不調も加わってしまうと、ノイローゼかのようになってしまう人もいるほどです。**生涯を通して、冷えに対して注意を向けていく必要があるのです。**

最近では、冷えとりや温活が定着し、冷え対策がされるようになりました。それはとてもよいことですが、冷えに関してはそれほど効果がなかったり、逆に体を冷やしてしまうような商品が〝冷えとりグッズ〟として売られていたりすることがあります。ときどき、そういった商品についてご質問を受けることがあり、少し注意していただきたいと思っています。

たとえば、**体を温める食品として人気の生姜《しょうが》は、じつは「体を冷やす性質の食品」**です。生の生姜を食べると体がぽかぽかしてくるので、なんだか温まっているように感じますが、これは体の表面が熱くなっているだけ。内臓などの体の内部は表面に熱を奪われ、冷えてしまいます（漢方で使われる、天日で干した生姜は除く）。薬味程度に食べるのはかまいませんが、生の生姜を日常的にたくさん食べていると、冷やすばかりか、胃腸にも負担をかけてしまいます。

また、**首を過剰に温めることもよくありません**。首は上半身なので涼しくしておく必要があります。首を温めると、顔が火照《ほて》るので、全身が温かくなったように感じますが、下半身は逆に冷えが強くなってしまいます。体は冷えているのに、頭は熱い。「冷えのぼせ」の状態になってしまうのです。

どうか正しい知識を身につけて、体にとって本当に必要な方法で対処してください。そうすれば冷えから解放されて、健康的な女性として、妊娠も出産も子育ても、おおらかな気持ちでいきいきと楽しく取り組んでいけるでしょう。

冷え性はなぜ女性に多いのか

夫や子どもに「そんなに近くだと危ないよ」と言われるほどストーブに近づいて手足をさすっている――。女性の7割が冷え性だと言われることもあります。

もともと**女性の体は、男性よりも筋肉が少ないために発熱量が少なく、加えて子宮があることなどの構造上、冷えやすくなっています**。さらに、現代女性は、ストッキングにパンプスや、素足にサンダルなど、足元が冷えやすい服装が一般的です。これでは女性が冷えに苦しむのは当然でしょう。

でも、男性が冷えていない、というわけではありません。人体をサーモグラフィーで撮影すると、上半身は心臓の周りを中心にして約37度。下半身は冷たく、特に足元は約31度以下になります。

だからじつは男性も冷えているのですが、ほとんどの人はそれに気づきません。これは、「私、冷え性じゃないから」という女性にもあてはまります。

体が冷えると血管が縮み、いわゆる「血の巡りが悪い状態」になってしまいます。そうなると老廃物や毒素などの有害なものを体外に排出できませんし、内臓機能が低下し、ひどいときには細胞が死んでしまいます。

人間、特に現代人は、体が冷えきって循環が悪くなってしまっている人がほとんどなのです。

自分が冷えていることは自覚しにくいものです。ただし女性は男性よりも、「冷え」を感じやすい傾向があります。冷えとりに熱心な方が、男性よりも圧倒的に女性に多いのはそういう理由からなのでしょう。

冷えとりで考える「冷え」は、いわゆる「冷え性」よりも、広い範囲を指しています。冷えに気づきやすいのは、どんどん毒を出して健康になるための第一歩。寒がりで不便を感じても「冷えを感じるのは、よいきっかけ」と、前向きにとらえることです。「冷え性、困ったなぁ……」と、クヨクヨしていると、心まで冷えてしまいます。心が冷えると体も冷えますから、気をつけましょう。

生理不順も生理痛も、元から絶とう

オフィスで働く女性のなかには、「冷房が効きすぎるから長袖のカーディガンを着ているのに、まだ寒い」という人も少なくありません。だからといって上半身にどんどん着こんでも、暑くて火照ることはあっても、心地よくはなりません。下半身、特に足元が冷えていると、意味がないどころか、かえって体を悪くしてしまいます。

東洋医学では、次のように考えます。

●人体には「陰」「陽」2種類の気があり、体内を循環している

●その循環が乱れたり滞《とどこお》ったりすると、病気になる

陰の気が上に、陽の気が下にいくと心身の調子が整います。しかし、陰の気は冷たいところに留まろうとし、陽の気は温かいところに留まろうとします。だから足元が冷たいと陰の気が上にはいかず、循環しなくなってしまうのです。

人体には本来、健康になる力があります。正常に循環できていれば、悪いもの

気と血の巡りと「冷え」

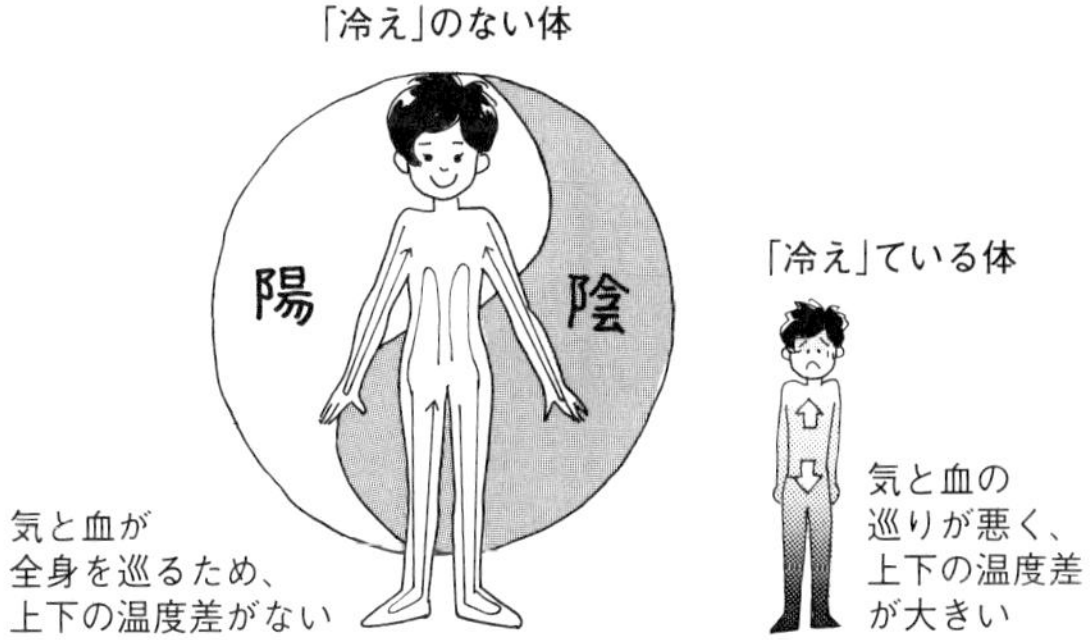
「冷え」のない体
陽
陰
気と血が
全身を巡るため、
上下の温度差がない
「冷え」ている体
気と血の
巡りが悪く、
上下の温度差
が大きい

（毒）をどんどん排出します。逆にいえば、循環が滞ると体の具合が悪くなるのは当然、ということになります。

上半身を涼しくし下半身を温めて、頭寒足熱の状態をつくると、生理不順や生理痛がなくなります。

また、それらを含めた**女性特有の体の不調は、婦人科系の器官が悪いのが原因ですが、そういうときはだいたい、肝臓や腎臓の具合が悪くなっています。**

肝臓や腎臓は、人体にとってもっとも大切な臓器の一部です。もしこれらの臓器が完全に壊れてしまったら、人体は生き続けることができません。一方で、子宮や卵巣などの婦人科系の器官は、すっかり取り除いてしまっても、生命を脅《おびや》かすことはありません。

　そこで人体は、**腎臓や肝臓の具合が悪くなると、そのダメージを婦人科系の器官に肩代わりさせて、生命を維持しようとするのです。**

　もっとも、冷えとりをきちんと行なえば、婦人科系の器官も腎臓も肝臓も、根本から整えていくことができます。不調を、元から絶つ第一歩を踏み出すことができるのです。

　さらに、肌の色が薄くなり、艶《つや》が出てきます。シミやホクロも薄くなっていきますし、肌のハリがよく、キメも細かくなり、シワや毛穴の広がりも目立たなくなります。子どものように自力で回復できる丈夫な肌になりますから、必要以上に紫外線を恐れなくてもよくなります。

　また、冷えとりをしている女性には、更年期症状もとくにありません。ある月にぱっと止まって、それでおしまいです。つまるところ、冷えとりは、自然な健康美を手に入れる方法ともいえるでしょう。

西洋医学の効力と、「毒」の意味

西洋医学では、いわゆる「冷え性」は、まだきちんと定義できていません。それでも、「どれだけ温めても、手足が冷たい」という女性はたくさんいます。

西洋医学では、検査ではわからないものを「病気がない」と判断しがちです。しかし、検査結果には出ないけれど体の奥はあきらかによくない状態、ということは確かにあります。

西洋医学は症状をなくすことに集中しすぎています。しかし、**原因を治さずに結果だけを求めても、また別のところでその結果が吹き出すでしょう。**

「最近、元気がなくてついに風邪をひいてしまったけど、薬で症状を抑えていたら、今度は帯状疱疹《たいじょうほうしん》がでた」というようなケースは、まさにそれです。

いくら症状を抑えても、そもそも体の免疫が落ちて弱っているので、ほかの病気にかかりやすくなるのです。こういうときは、症状という「結果」をなくすのではなく、しっかりと体を休めて、「原因」を取り除くことが一番大切なのです。

そうした「結果」を、冷えとりではわかりやすく伝えるために、あえて**「毒出し」**と呼んでいます。ちょっとややこしくて誤解を受けやすいのですが、この毒とは、いわゆる毒性物質（毒物）とは違います。

狭い意味での「毒物」だけではなく、「汗や垢《あか》などの老廃物を含めた悪いもの全般」を指し、体から出してしまうことを「毒出し」と呼ぶ、と理解していただけばいいでしょう。

毒の話をするとよく、「半身浴をしているとき、毒がたくさん溶け出しているお湯に、そのまま長時間浸《つ》かっているのはよくないのではないでしょうか？」という質問を受けることがあります。しかし、**体から出てしまったものは、毒ではありません。**

そもそも皮膚は、単純に双方向でミクロの物質を通したりはしないもの。したがって、まったく気にする必要はありません。

食べづわりは、よく噛むことが大切

テレビで「この食品が健康にいい」と放送されると、翌日にはそれがスーパーマーケットからなくなります。でも、「何を食べるか」よりも「どういう生活のなかで食べるか」のほうが、よっぽど大事です。

しっかり半身浴をして、靴下を履く。食事は頬張《ほおば》らず、少しずつ口に運んで30回を目安にしっかり噛《か》みます。噛んでいれば少しずつ喉《のど》のほうに送られていきますので、ゴックンと飲み込む必要はありません。そうしていると、自然に「腹八分目」になります。

でも妊娠中は「何か食べていないと気持ち悪い」という状態――いわゆる「食べづわり」になる女性も少なくありません。無理に小食にしようとする方もいますが、大切なのはそういうことではありません。

空腹を感じなくてもなんとなく食べてしまうことがありますが、**体の声を素直に聞**

いて、食べたくなければ食べないようにする。そして、食べたかったらよく噛んで食べればいいのです。

妊娠中に食べづわりになる人は、もともと肝臓が悪いことが考えられます。そのため肝臓が消化器を攻め、それに抵抗しようとした消化器によってたくさん食べてしまうのです。これは「痩《や》せの大食い」と同じ原理です。冷えとりをしていけば肝臓もよくなり、食欲もそれなりに収まっていくでしょう。

「医食同源」と言うように、体のことを考えるには食事にもある程度は注意しなければなりません。51ページのような、体を温める食事を心がけてください。

ヨーガなども、冷えとりでは特におすすめはしていませんが、生活や体の全体をみるという点で優《すぐ》れていると言えます。関心をもつ女性が多いようなので、無理のない範囲でこれらも取り入れていけるといいかもしれません。

出産の痛みや不妊の悩みも、冷えとりで解決！

女性特有の不調は冷えが原因と書きましたが、じつは「つわり」も同じです。**しっかり冷えとりに取り組んでいる女性が妊娠した場合、つわりはほとんどありません。**食事も2人分食べる必要がなく、特に妊娠後期は減らしたほうが安定します。体もラクで、流産・早産の心配は特にありません。

お腹の赤ちゃんは、逆子になることもなく、通常より2〜3週間早く生まれてきます。これは発育が早く、胎内に長期間いる必要がないからです。

少し早く生まれる分だけ赤ちゃんが小さいこともあって、**お産の痛みも少なく、比較的短時間で済みます。**始めの陣痛から後産《あとざん》まで、だいたい1時間〜4時間で終わります。お産の痛みは、産道が冷えのために固くなっているから起こるもの。健康であれば出産時にはきちんと柔らかくなります。初産《ういざん》なのに「全然痛くなかった」というお母さんもいらっしゃいます。

たまに「高齢出産が怖いから、ちょっと不満があるけど、今の彼と結婚するの」という女性もいますが、それはおすすめできません。だいたい、冷えとりをしていれば**35歳～47歳の高齢出産でも、痛みがあまりない短時間のお産で済みます**から。

また、**冷えとりは不妊症にも効果があり**、数年前から冷えとりが若い女性たちの間で話題になるきっかけとなりました。病院で「妊娠は難しいでしょう」と診断された女性が、ご夫婦で冷えとりに取り組むことで自然妊娠し無事出産した、といった事例は少なくありません。男性不妊にも効果があります（39ページ）。

「病院で不妊治療を受けていて、なんとか子宮内に受精卵が着床したけれど、流産してしまった」という話もよく耳にしますが、もともと「冷え」がひどくて、（検査結果には出ていなくても）婦人科系の器官全体の働きが悪く、子宮の状態がよくないために順調にいかないのが原因でしょう。しかしこうしたケースでも、**冷えとりをすれば体の働き自体がよくなりますので、不妊治療の効果を高めることが期待できます。**

なお、もし近日中に出産するという方でも、今から冷えとりを始めることをおすすめします。何もやらないよりはラクに産めるはずです。

西洋式不妊治療を併用してもOK

なんとしても赤ちゃんが欲しい、という願いは切実なものです。西洋医学や漢方など、あらゆることを試したくなるのも当然です。今はいろいろな不妊治療がありますから、併用していいものか、疑問に思われることがあるようです。

「病院で受ける不妊治療と冷えとりを併用してもいいでしょうか？」

というご質問を受けることがあります。その一方で、

「不妊治療は不自然なものだから、冷えとりだけでなんとかします！」

という方もいらっしゃいます。最善の道を、と思うあまり頑張ってしまいがちですが、凝り固まってしまうのはよくありません。

病院で受ける不妊治療と冷えとりを併用しても問題はありません。むしろ、不妊治療の効果がより高まると考えています。

しかし、お伝えしておきたいことがあります。不妊治療で女性にかかる肉体的・精

神的負担は小さくありません。それだけではなく、経済的にも大きな負担がかかります。なかには、奥様のほうが不妊治療を止《や》めたいと思っても、ご主人やご家族が続行を希望して止めることができない、という方もいらっしゃいます。

それぞれご家庭の事情がありますし、柔軟に対応しながら冷えとりをしっかりと実行していけば、それなりに結果がついてくると思います。

確かに、授かる方を多くみてきました。ただ、何事においてもそうですが、絶対的な保証というものはありません。授からないという場合もないとは言えません。いろいろなケースをみてきて思うことは、それはそれで自分の運命だと思って受け入れることが大切だということ。妊娠、出産、子育てだけが人生ではないのですから。

「自分本位を捨てて他人本位に生きなさい」というのも冷えとりの基本理念です。子どもを授からない運命なのだと気づいたら、新たな生きるべき道が見えてくるでしょう。その道を堂々と、前向きに歩んでいくのも、素晴らしいことなのではないでしょうか。

男性不妊にも、夫婦で取り組む

男性側に原因がある不妊症は、現代医学では解決が困難だとされています。

2人で冷えとりに取り組んだNさん夫婦のお話をしましょう。

病院の診断では、おもにご主人の不妊（精子の数がかなり少ない）を指摘されており、「自然妊娠は絶望的ですので、人工授精のなかでも高度な顕微授精しか方法はありません」と言われていました。セカンド・オピニオンを求めた病院の担当医も、「ホルモン剤治療なしでは絶対に改善しません」とのことでした。

長年の不妊治療ですっかり疲れきってしまった奥様は、お友だちから聞いて冷えとりを始めました。

ご主人のほうは、奥様にすすめられてしぶしぶ始めたものの、この頃はまだ、靴下を2～3枚履く程度でした。

ところが1年後、顕微鏡検査の結果が出て、「精子がものすごく増えている！　こんなことがあるのか？」と驚く担当医の様子を見て、それまで半信半疑だったご主人も、それ以降は熱心になったそうです。靴下は10枚、ズボン下もしっかり履いていらっしゃったとか。

そのお話を奥様から聞き、「それならすぐに自然妊娠できますね」とお話ししました。実際Nさんは、その数カ月後にご懐妊されました。

妊娠経過もよかったのですが、帝王切開での出産となりました。長年不妊治療で体が疲れていたことはあると思います。いろんな意味でまだ毒が出しきれていなかったのかもしれません。

奥様は帝王切開となったことが心残りなようでした。ご本人としては、完璧ではなかったかもしれませんが、無事に出産できたことは何物にも代えがたい喜ばしいことです。大事なのは**「不可能と言われていたのに自然妊娠ができた」**ということだと思います。

赤ちゃんはその後スクスク育ち、ご夫婦は日々、幸せを嚙みしめておられるそうです。

2人目を望む前に考えたいこと

「1人目はすぐに妊娠・出産できたのに、何年経っても2人目ができない……」

最近、こういうお悩みを聞きます。

私の知っている範囲のことですが、冷えとりでやっと無事に妊娠・出産をした方々のなかには安堵感《あんどかん》からか、**1人目を出産してから冷えとりの取り組みを緩《ゆる》めているこ**とがけっこうあります。

妊娠・出産がなくとも、環境が変わったり、たまたま靴下が足りない日があったりして、ついつい冷えとりを緩めてしまう場合もあるようです。体は「寒いよ、寒いよ」と言っているのに、「今日はまあいいや」「仕事も忙しいし」と抑えこんでしまっているイメージです。

たしかに、赤ちゃんを抱えた生活が始まると、自分のことにかまっていられず、どうしても仕方のない面はあるのかもしれません。本当なら、産後の疲れをとるためにも、できれば少しでも時間をつくって半身浴をしていただきたいのですが、そうはいかない場合もあるでしょう。

1人でも子宝に恵まれたのなら、まずは欲を張らずにそのことに感謝をしてほしいものです。そのうえで、油断せずにしっかりと冷えとりに取り組んでいれば、すぐというわけにはいかなくても、数年後に2人目ができる可能性は大いにあります。

それまで子宝に恵まれなかった方なら、周りから冷たい目で見られているようで、つらい思いをされたことでしょう。まずは、「1人授かっただけでもありがたい」と、温かい気持ちでいることも大切です。

男性不妊の話（39ページ）でご紹介したNさんも、いただいた手紙には「正直なところ、2人目は諦《あきら》めていました」と書かれていました。過去形で語るその手紙は、2人目の出産を報告する内容でした。しかも、初産は帝王切開だったのに「今度は無事に安産でした」とのこと。通常ならあまり考えられない経緯です。

このNさん夫婦も、2人目を授かったのは4～5年後でした。**焦《あせ》ることなく、冷えをとる生活を続けたのがよかったのでしょう。**

妊婦には、ゆったりとした服でのウォーキングがおすすめ

妊婦さんにも適度な運動が必要です。出産には体力や柔軟性が必要ですから、「食っちゃ寝」の生活では難産になってしまいます。

昔の農家の女性はしゃがむ作業が多く、トイレも和式だったので、現代の都市生活者よりずっと安産の人が多かったといわれています。体の負担になるような激しい運動は避けて、まずは買い物に歩いて行くなど、軽い運動を意識して始めましょう。

また、**足首の関節は、毒を出して冷えをとるには最適**なので、曲げ伸ばし運動を積極的に行ないましょう。また、普段から足首をしっかり伸ばして歩くように意識してみるのもとても大事です。

運動をすると毒がよく出ます。また、「摩擦」はそれを促進してくれます。

だから、ピタッと締まった服を着るのではなく、ゆったりとした服を着てウォーキングをすれば、衣類と体の間に摩擦が起きて、たくさん毒が出ていきます。

服はなるべく天然繊維のものを選ぶ

服は天然繊維１００％のものが一番理想的なのですが、なかなかそうも言ってはいられませんから、せめて肌に直接触れるものだけでも天然繊維のものにして、なるべく化学繊維（化繊）の配合率が低いものを選ぶことをおすすめしています。

これはお金もかかりますから、人によって程度は異なります。妊娠中だったり、今の病気を本気で治したいと思っている人は、衣服の「天然繊維度」を高めにするよう、意識してみてください。

市販の服には素材表示のタグがついていますから、買い物の際にはしっかりチェックする習慣をつけましょう。慣れてくると、見たり触ったりするだけで、「麻60%、シルク40%ぐらいかな？」とあたりがつけられるようになります。

なかには凝り性の人もいて、「妊娠したいから、全部の服を天然繊維に買い換えなきゃ！」と考える方もいますが、そこまでする必要はありません。無理をしないで、新しく服を買うときに天然繊維を選ぶなど、できるところから始めましょう。

ただ、冷えとりをしていると、天然繊維の心地よさに慣れて、やがて化繊を身につけたくなくなっていきます。それが本来の感覚かもしれません。

化繊ではなく天然繊維をおすすめするのには、きちんとした理由があります。

体の表面からは、皮膚呼吸や汗などの形で、つねに毒が出ていると考えています。ですから、**体に触れる布の素材は、絹・綿・ウール・麻など、「呼吸する素材」がよいのです。**

加工しやすく丈夫な化繊は広く使われており、値段もお手頃です。最近は吸汗・速乾性が高い素材や、保温効果のある素材など、便利なものも増えています。でもこれらは、せっかく出てきた「毒」が、皮膚の表面で留《とど》まってしまうため、着てしばらくすると、不快に感じる人がいます。化繊を着て皮膚がかぶれる人がいるのは、その毒のためです。

「体が蒸れて、体表面が熱い感じでイライラする」

「ちょっと歩いて汗ばんだだけで、すぐに背中がかゆくなる」

ふだん素材を気にしない人が、こういった不調を感じて、服を着替えてラクになったとしても、「体調のせいだろう」と考えます。まさか素材の影響を受けているとは思わないようです。

化繊は、長もちで発色もよく、便利なことが多いのは確かです。ただ、肌に直接触れる部分、肌に近い部分には、なるべく化繊は避けたほうがいいでしょう。

天然繊維と化繊とでは、電子顕微鏡で見れば大きな違いがあります。それは、皮膚呼吸などの自分自身が感じる快適性にも大いに関係します。仮に原子レベルまで完全なシルクの複製ができるならいいのでしょうが、**現代の科学で天然繊維を真似《まね》てつくった素材は、外見が似ているだけのもの**です。

しかし一方で、「天然繊維でなければ触《さわ》りたくもない！」と突っ走るのは、行きすぎです。子どもの幼稚園のスモックや学生服などに化繊が入っているのを親が心配して不安がっても、学校の規則なので子どもにとっては迷惑な話でしょう。

何事も、社会生活とうまく折り合いをつけて、無理のない範囲で行なっていくことが大切なのです。

病院で産むか、自宅や助産院で産むか

冷えとりを頑張る女性のなかには、「自宅出産こそ理想の出産。病院では産みたくない」とこだわる方もいらっしゃいます。

私が長年勤務していたような「病院」は、実感としても「病気を治す場所」で、「次の世代を産み出す場所」としてはそぐわない気がします。けれど、出産は母体の一大事です。**必要に応じて病院を利用する選択をしてほしいものです。**

人間は二足歩行をするようになって骨盤が狭くなり、他の哺乳類よりも出産が大変になったと言います。ならば、もう一つの特徴である頭脳――知恵、知識、技術を適切に使うのは、これもまた自然なことと言えるでしょう。

戦後すぐ、自宅出産が普通だった時代に、Aさんという女性は、初産で「子癇《しかん》」という深刻な状態になり、母体も生命を落とす寸前でした。数日苦しんで、なんとか連れてきた医者が赤ちゃんを吸引器で出したものの、死産でした。その経験から、Aさ

んは娘たちに「絶対に病院で産みなさい」と教えていました。

みなさんが、自宅出産や助産院にこだわるのはどうしてでしょうか？

これまでの冷えとりに関する本のなかで、「薬は体を冷えさせる」と書いてきましたから、「薬を使うところはよくない」と考えてしまっている方もおられるようです。でもそれは「味噌《みそ》もくそも一緒」にした考えです。熱心なのはいいことではありますが、視野が狭くなってしまうのはいけません。「今の自分にとって一番大事なことは何か」をよく考えて、判断しましょう。

しっかりと「冷えとり」を実行していれば、病院でも安産で何の支障もなく出産できます。難産でいろいろな薬を投与されたとしても、一番大事なことは、赤ちゃんを無事にこの世に産み出すことです。腹をくくって受け止めていれば、薬の毒はすんなり体を素通りしてくれるものです。

大事なのは「冷えとりのルールを守ろうとやみくもに頑張ること」ではなく、家族みんなが健康になることです。体と心を温かくして、柔軟な姿勢でいきましょう。

完全母乳育児にこだわりすぎない

理想の出産・育児にこだわりすぎるケースは多く、Bさんもそのひとりでした。

「子どもを出産しましたが母乳の出が悪く、ほんの少ししか出ません。足りない分を粉ミルクで補っていますが、粉ミルクは牛乳の加工品ですよね？　冷えとりの本によると、加工品はよくないとのことでしたから、粉ミルクを止めてお水かお茶にしたほうがよいのでしょうか？」

嘘みたいですが、本当にこのようなご質問があるのです。

たしかに冷えとりでは、牛乳や加工品は、体を冷やす性質の食品として、なるべく避けるようにお伝えしています。しかし、だからといって、母乳がほんの少ししか出ないのに粉ミルクをあげないでいたら、赤ちゃんは栄養失調になってしまうでしょう。これでは本末転倒です。

母乳の出が悪く赤ちゃんがお腹をすかせているのなら、粉ミルクを使うのは当たり

前。母乳が出ないときは、そんなことにこだわらず、まずはお母さん自身がしっかり冷えとりに取り組むことです。そうすれば、母乳も必要な量が出るようになります。

ご参考までに、できれば避けていただきたい「体を冷やす性質の食品（陰の食品）」と、積極的に食べていただきたい「体を温める性質の食品（陽の食品）」を挙げておきましょう。無理のない範囲で、日々の生活に取り入れてください。

×体を冷やす性質の食品（陰の食品）

●**人工的に精製したもの**……白米、精製塩、白砂糖、マーガリン、人工甘味料、化学調味料、防腐剤・保存料、医薬品、サプリメント等

●**生野菜**……葉っぱ類（レタス、キャベツ等）、トマト、キュウリ、玉ねぎ等

※ただし、加熱すれば、温める性質になる

●**果物**……バナナ、リンゴ、ミカン、ブドウ、プルーン、ブルーベリー等

●**嗜好品**……酒、タバコ、香辛料、お菓子、ジュース等

●**動物性脂肪**……肉、魚、牛乳、卵等

◯体を温める性質の食品（陽の食品）

●**海の下に生えるもの**……海藻類

●**地面の下に生えるもの**……根菜類、イモ類

※ただし、生の生姜は、体を冷やす性質の食品

●**豆類**……豆類、その他豆類を使った製品等

●**干したもの**……乾燥野菜、干し魚、干し肉、干しきのこ、干しイモ等

●**発酵食品**……味噌、醤油、酢、納豆、糠《ぬか》漬《づ》け、チーズ、ヨーグルト等

※ただし、酒類は、体を冷やす性質の食品

●**熱を加えたもの**……ホウレン草のおひたし、温野菜サラダ等

●**塩を加えたもの**……漬物、塩漬けや味噌漬けにした野菜・魚・肉等

●**お茶類**……緑茶、玄米茶、ほうじ茶、麦茶等

●**精白・精製していないもの**……玄米、玄麦、雑穀、天然塩、粗塩、天然はちみつ、黒糖、三温糖、ざらめ等

冷えとりは、〝できる範囲〟で〝最大限〟行なう

現代では働く女性が多く、職場によっては制服が指定されていて、足元はストッキングにパンプスと決められている場合もあります。

それは仕方のないことですから、オフィスでは規定通りの格好をして、家で過ごすときや通勤の時間にしっかりと足元を温めるようにすればいいでしょう。

しかし、**お腹に赤ちゃんがいるときは、会社に事情を話して融通を利《き》かせてもらいましょう**。

お腹が大きくなってマタニティー服を着るようになれば、転倒防止ということで、パンプスでなくふつうの靴でも全く問題はないでしょう。でも、できれば妊娠がわかった時点、あるいは公表した時点で、上司などに「産婦人科の医者に、体を冷やさないよう言われている」と伝えて、靴下を履ける服装での勤務を認めてもらうのがいいと思います。「嘘も方便」と言いますが、そもそも妊婦に体を冷やすことを推奨する

医者なんてまずいませんから、実際には言われていなくても大丈夫です。

しかし、職場でどう過ごせばいいのかわからない、という妊婦さんのなかには、「でも前例がないし、同僚などの周囲の目もあるので、私だけわがままは言えません」

という方も多いのですが、妊娠がわかってからマタニティーの服を着るまでの期間はそう長くはありません。悩みをお聞きするときにいつも思うのですが、ようやく授かった命と、その周囲の視線、どちらが大事なのかなと思ってしまいます。

案外、周囲は本人が思うほど気にしていない、ということもあるのではないでしょうか。始めてみれば、周囲もすぐ慣れてくれる可能性も高いかもしれません。絶対無理と思い込まず、ちょっと様子をみながら試してみてはと思います。

また、出産後に冷えを強く感じる方もいます。

できれば出産を終えたらすぐにでも半身浴をしていただきたいものですが、多くの病院は、産後健診が終わるまでは入浴を禁止しているようです。

すぐに半身浴をしても雑菌が入るなどということはないのですが、そういうときは、**可能な範囲で足湯をしたり、湯たんぽを入れたり、靴下をいつもよりたくさん履くなどして、少しでも足元を温めるように工夫してください。**

靴下を重ねすぎて病院のスリッパに足が入らないなら、あらかじめ大きめのスリッパやサンダルを用意しておくといいでしょう。用意し忘れても売店やコンビニエンスストアですぐ手に入ります。

湯たんぽは、旅行にも便利なゴム製が便利。病院で湯たんぽの準備をするのが大変なら、入院中くらいは電気あんかを使うというのも一つの手です。

赤ちゃんと自分のために、そのときそのときで優先順位を考え、つねに今いる環境のなかでできる最大限のことを実行していくことが大切なのです。

第2章

冷えとり子育ての基本的な考え方

赤ちゃんにどう接したらいいか、わからない……。
でも、それは恥ずかしいことではありません。
新米ママ・パパは、今から勉強すればいいのです。
乳児期・幼児期を中心に、子どもとどう接したらいいのか？
“冷えとり”の視点から、子育ての考え方を解説します。

道理に適う生き方をする

「道に外れれば、難に遭《あ》う」という言葉があります。

人間社会でもそれ以外でも、世の中のあらゆることには「道理」があります。それに外《はず》れた生活をすると、いろいろと具合の悪いことになるのは当たり前です。

冷えとりではこの「道理」を、考え方の根底に置いています。

最近はあまり見聞きしなくなった言葉なので、若い人にはピンとこないかもしれませんね。昔の人は、「それは道理に合わない」などよく言ったものですが。

道理とは、物事の正しい筋道やことわりのことです。たとえば、顔を上げ天に向かってつばを吐いたら、自分の顔に落ちてきますね。そういった〝当たり前の決まり〟のことです。

現実の道――道路を考えてみてください。そこから外れて走ろうとするとガードレールにぶつかったり、崖《がけ》から落ちてしまったりするでしょう。これも道理、当然のことです。

体についても同じです。人体は頭寒足熱の状態がよいのが「道」「道理」なのですから、そこから外れていれば、心身ともに不都合が起きます。

頭寒足熱も、体を温める自然に近い食品を食べることも、自然素材の服を着ることも、すべてはそれが人間には合っていて、道理に適《かな》っているからです。

人生では、つねに数えきれないほどの判断を迫られます。そこで判断基準になるのが、**「それが道理に適っているかどうか」**です。大きなことにかぎりません。たとえば、ずるをする、誰かを傷つけるなど、道理に適わない生き方をしていると、一時的には得をしているように見えても、必ずあとでそれに見合ったしっぺ返しをくらうものです。自分の吐いたつばの分だけ自分に落ちてくるのと同じことですね。

親は子育てのなかで、こうした道理を子どもに教えて、子どもが堂々と幸せな人生を送るための、土台をつくってあげなければなりません。

そして言うまでもなく、**子どもはつねに親をしっかり見ています**。だからこそ、まずは親自身が、道理に適う生き方を実践することが大切なのです。

子ども時代のあなたの姿

誰でも子ども時代を経験しているはずですが、大人になるとそれを忘れてしまいがちです。

「子どもは天使」と考えるのは素敵な感覚ですが、同時に「子どもは生意気」でもあり、その2つは矛盾などしていません。大人の言うことを無視したり、そのつもりはなくともちゃんと理解できなかったり、イタズラをしたり、わけもなく泣いたり——それは子ども時代のあなたの姿でもあるはずです。

ご自身の子どもの頃のことは覚えていなくても、弟や妹、親戚や近所の子どもなどの面倒を見ていれば、赤ちゃんや幼い子どもがどういう生き物なのか、なんとなくわかるでしょう。しかし、核家族や一人っ子が多く、親戚や近所付き合いもあまりしなくなった現代社会では、自分より幼い子どもと接する機会を持たないまま大人になる人もめずらしくありません。

紙オムツのテレビＣＭを見たお母さんが「ウチの赤ちゃん、青いオシッコをしないんです」と相談してきた、などという笑い話を耳にしたことがありますが、それまで赤ちゃんと接したことがなく、周囲に相談する相手がまったくいないと、ノイローゼ気味になって物事を冷静に考えられなくなることもあるのでしょう。

子育てに悩んだ時、もし頼れる相手が近くにいるなら、どんどん頼ってしまっていいのではないでしょうか。あなたがおかしくなってしまっては、元も子もありません。

結婚して独立した娘夫婦が両親の近くに住んで、ときには子育てを助けてもらうような関係性について、「独立心がない」と非難する人がいますが、いいじゃないですか。昔で言えば、**「同じ敷地に離れを建てて住む」ようなもの**です。

また、近くに相談する相手がいないような人には、本書のような活字の情報があります。それに、インターネットの情報は玉石混交《ぎょくせきこんこう》なので注意が必要ですが、賢く活用すればきっと助けになるでしょう。

大切なのは、一人で抱え込まないこと。子どものことを知らないなら、人に聞いたりして勉強すればいいのです。おおらかな気持ちで子育てに取り組んでください。

お母さんの役割――〝神話〟なんか無視しよう

「私はお母さんだから、○○できなきゃいけない」

と思い詰めてしまう人は少なくありません。

「赤ちゃんが泣いている理由にすぐ気づけないと」

「赤ちゃんを見たら自然に、慈《いつく》しむ感情が湧《わ》いてこないと」

「託児所などは使わず、お母さんが完全に面倒を見ないと」

……などなど。これらは**「子どもを産めば母としての感情や能力が自動的に湧いてくる」という幻想からくる、いわゆる〝母性神話〟**です。

もちろん本能的に湧いてくる愛情はありますが、「何でもかんでも」「100％お母さん一人でできる」みたいな不思議な論理がまかり通っているのも事実です。

「子どもの面倒は自分たちで見る」――それはたしかに、人間の自然な姿です。でも、一人で何もかも頑張ろうとするのは、実に不自然なことです。

昔の生活は違いました。都市部でも、農村や漁村でも、子どもの面倒は近所の人や親兄弟で一緒に見るのが当たり前でした。それが「自分たち」の単位だったのです。核家族化や都市化でそうしたフォロー体制がなくなったのに、〝母性神話〟の部分だけ古いままというのは、おかしな話ですよね。

「お母さんなんだから」と気負ってしまわずに、他人やいろいろなサービスなどを存分に使って、心おだやかに子育てしましょう。

クヨクヨ、あるいはピリピリして感情の波が大きくなると、頭に血がのぼって頭が熱く、相対的に足元が冷たくなります。つまり頭寒足熱の逆の状態になってしまうのでよくありません。心を鎮《しず》めることは健康に直結するのです。

赤ちゃんは敏感です。お母さんがピリピリしていると、すぐにそれが伝わってしまいます。

「本当に自然な子育て」とは、今は「自分たちだけで頑張ろうとしない」ことだと考えましょう。

お父さんの役割——現代の「父親らしさ」とは？

「お父さんは外で仕事。お母さんは家庭で家事と子育て」——こういう〝昭和の家庭〟のイメージは、最近は薄れてきましたが、理想としてはいまだにあります。これは生物の基本原則というわけではなく、戦後の日本の社会が高度成長を遂げていくなかで、そのように役割分担するのがちょうどよかったから定着しただけのことです。

近年は、「イクメン」といった言葉が流行《はや》っているように、男性が子育てに参加するのを求められる社会となりました。理想は理想として、これからは夫婦が協力して、子育てしていくことが大切なのはいうまでもありません。

当たり前ですが、男女間には考え方や感じ方に違いがあります。育った環境による影響もありますし、個々の生まれ持った性質もあるでしょう。いたずらに「男らしさ」「女らしさ」を強調するのは現代の風潮に合いませんが、だからといってそれを無視しようとするのも不自然です。

お母さんが比較的「保護本能」を多めに発揮してやさしく接するなら、お父さんは厳しく叱《しか》る。そういったコンビ関係は、それなりにうまくいくものです。

ところが、過保護に育てられた男性は、わが子をきつく叱ることができません。**解剖学的には男であっても中身が女性的すぎるお父さんでは、母子家庭ならぬ「母母子家庭」になってしまい、より過保護な育て方をしてしまいます。**そのような家庭で育った男の子は、さらに輪をかけて自分の子どもを過保護に育ててしまうでしょう。そのような連鎖《れんさ》を起こさないよう、気をつけたいものです。

時代が変わっても、父親的な役割は必要です。もちろん男親と女親の役割は、家庭によっては逆にするほうがよい場合もあります。仕事の都合や得手不得手がありますから、こだわりすぎず、どうすればみんなにとってよいかを考えましょう。

子育ては、夫婦の経済の問題でもあります。少なくとも当分、イケイケドンドンの時代が戻ってくることはなさそうです。共稼ぎも増えてくるでしょうから、ご夫婦二人で協力して、お互いの役割を大切にしながら、子育てをしていくことが大事だと思います。

誰でも生まれたときから冷えている

「体が冷えるのは、不摂生や運動不足、生理不順や病気などが原因なので、不摂生をやめて運動をすれば、頭寒足熱なんて必要ない」――そう思っている人が、世の中には少なくないようです。

でも、違います。**私たちは生まれたときから冷えているのです。**極論に聞こえるかもしれませんが、人間だけでなく、すべての地上の動物がそうです。

「生物は、自然な状態で万全なようにできている。無理に温める必要なんかない」という、科学と宗教のあいだのような原理主義を持ち出す人もいます。

でもヒトという生物は、最初から「地上で、２本足で」生きるように生まれたわけではなく、単細胞生物から始まって骨格を持ち、海から地上に出て、４本足から２本足へと進化してきたものです。

ある学者の言葉を借りると「ヒトは無理な設計変更を繰り返した動物」とのこと。

もともと体の中心にあった心臓は、進化の過程において他の内臓の都合で少し左寄りになったのだとか。

2本足で立ち上がったことで、足は心臓からさらに遠くなってしまいました。上も下もなくグネグネ流動している単細胞生物ならまだしも、進化したら「冷える」のは仕方がないのかもしれません。

でも、普段はそんなことをいちいち考えなくても大丈夫です。繰り返しになりますが、**体は実に賢いもので、感覚の鋭さを取り戻せば、健康によいあり方——衣服や食べ物、生活時間などを、体自身が教えてくれます**。だから本能を信じて、でも本能任せにしない生き方を、親がフォローする必要があるのです。

一般的には、子どもにも冷えがあるという認識がないため、靴下を履かせる習慣があまりありませんが、**上半身に心臓がある構造である以上、赤ちゃんもつねに足が冷えているわけです。**

原因不明の赤ちゃんの「泣き」はなぜ起こるのか

私たちはみんな、生まれたときから冷えているのですから、赤ちゃんの時点から、しっかり冷えとりをする必要があります。

赤ちゃんは言葉が使えませんから、「お腹がすいた」「オムツが濡《ぬ》れている」といったことを、泣いて訴えます。泣き方やグズり方は訴える内容によって違うので、慣れてくると赤ちゃんが何を望んでいるかわかってきます。

また、あまり知られていませんが、**生まれたばかりの赤ちゃんも運動不足になります**。手や足を持ち、前後や左右にやさしく動かしてあげるとよいでしょう（第4章参照）。

でも、慣れてきたママ・パパにも理由がわからないことがあります。オムツは濡れていないし、お乳も飲まない。抱っこして揺すりながら子守唄を歌ってもなかなか寝付かない。

ほかに原因が見当たらないのに赤ちゃんが泣く場合、その原因は冷えであることがほとんどです。「足元が冷えてつらいよ」と訴えているのです。

あるとき、化学繊維（化繊）の毛糸の帽子を被《かぶ》ってグズっている赤ちゃんがいました。「帽子をとってあげたら?」とアドバイスしたところ、その子はおとなしくなってすぐに寝入りました。眠いのに、頭に熱がこもってしまって不快だったようです。

頭寒足熱の原則は、大人も赤ちゃんも変わらないのです。ですから赤ちゃんには、つねに足を温めるように、靴下を重ねて履かせてあげましょう。ただし、**化学繊維の靴下は蒸れて、体温調節ができなくなるため逆効果**となります。天然素材の製品を選んでください。履かせ方は、78〜80ページで詳しく解説します。

しっかり冷えとりをしている赤ちゃんの泣き声は穏やかで、聞いてもあまり不愉快ではありません。赤ちゃんの泣き声が耳に障《さわ》るような場合は、それが冷えによる「気持ち悪さ」を訴える声だからです。それによって、ママも不安な気持ちが深まり、それが子どもにも伝わる、という負のスパイラルに陥《おちい》りかねません。

赤ちゃんとお母さんの不思議なつながり

半身浴は老若男女を問わず有効ですから、**赤ちゃんもしっかり半身浴をすることをおすすめします**。ベビーバスやタライなどを使って入浴させるのもいいのですが、できるなら親子で一緒に入りましょう。時間短縮にもなります。

Uさん夫妻に生まれた赤ちゃんは、生まれつき心臓に障害がありました。全身を回ったあとの血液は本来、肺に送られて新鮮な酸素を取り入れるものなのですが、この赤ちゃんはそれが肺に送られず、再び全身に回ってしまうのです。酸素が行き渡らないため血色も悪く、医者からは「手術しなければ治らない」と言われました。しかし、足元を冷やさないよう、しっかり靴下を履かせて冷えとりをさせたところ、すっかり元気になりました。人間の体には、本来そうした力があるのです。

不思議なことに、**母と子のつながりは、出産後も続きます**。お母さんが体調を崩すと、子どももなぜか熱を出したりします。

Uさんの例ほどではなくとも、**もし赤ちゃんに何らかの不調があったら、子どもだけでなくお母さんも一緒に冷えとりをしてください**。赤ちゃんだけに半身浴をさせるのではなく「子どもの病気は自分の病気だ」と考え、お母さんも一緒にすることが大切です。できることなら一緒に生活する家族みんなでしてほしいくらいです。

アトピーや食物アレルギー症状が、親子で冷えとりに取り組むことで大きく改善した例を私はいくつも見てきました。さらにはダウン症の子どもが、見た目も行動も普通の子どもと区別がつかなくなったような事例もあります。

「授乳中の冷えとりは、母乳を通して毒が赤ちゃんに入ってしまうのでは？」

と心配されるお母さんもいますが、大丈夫です。**冷えとりでいう「毒出し」では、ひとたび体から出たら、毒はもう毒ではないからです。**

「母乳の出が悪い」というときは、マッサージをしても出ないのであれば焦《あせ》る必要はありません。母体が「赤ちゃんが飲みすぎないように」と調整している場合があるからです。赤ちゃんが栄養失調になるような極端な場合は論外ですが、「絶対に◯ミリリットルは飲ませなきゃ」と、無理に粉ミルクを追加して飲ませる必要はありません。

お風呂で子どもを遊ばせておく

子どもはじっとしていない生き物です。お風呂で体を温めさせようと思っても、なかなかそうはいきません。でも、大丈夫。「体を温める」と言っても、昔言われていたように「肩まで浸かって、100まで数えなさい」といったことは必要ありません。「肩まで浸かる」のは〝頭寒足熱〟の原理からすると間違っています。上半身も温めてしまうと、相対的に下半身は温まらず、熱の上下循環が起きません。つまりは「かえって冷えてしまう」わけです。

下半身がお湯に浸かっていればいい――ということは、上半身はお湯から出ていて、自由にしていてもかまわないということ。**水鉄砲やビニール製の人形などを持ち込んで、湯船のなかで遊ばせましょう。**

夏場は、すぐに「暑い」と出たがるかもしれませんが、窓を開けたり手首から先に冷水をかけたりすれば意外と平気です。「体の芯《しん》が温まると、気持ちいい」と学習すれば、おとなしく入っているようになります。

半身浴をしながら読書をさせるのもおすすめです。幼いうちは、本をお湯に落としてしまうかもしれませんから、親が本を持って読み聞かせをしてあげてもいいですね。お湯に落としても問題ない本があれば、それを与えておいてもいいでしょう。今はお風呂用の絵本などもあります。

元気な男の子などは、お風呂からあがると、全裸のままどこかへ走っていってしまうことがあります。お風呂あがりの温まった体に服を着て暑くなるのが嫌なのでしょう。大人と違って子どもは体温が高いので、それも無理はありません。

こういうときは、**体を拭《ふ》いて靴下だけ履かせたら、あとは放っておいてかまいません**。足元をしっかり温めていれば風邪をひくこともありません。親は頃合いを見て、「そろそろ服を着る?」と促《うなが》してやればいいのです。それでも服を着たがらないなら、そのままでも大丈夫でしょう。

そうしているうちに、子どもは「靴下をたくさん履くと気持ちいい」ということがわかってきますので、そのうち自分から靴下を履くようになるそうです。

低温やけどやケガも毒出し

夜、布団に入るときはぜひ湯たんぽを使ってください。布団の足元に湯たんぽを入れて温かくすることで、半身浴に近い状態にすることができます。

これは夏場でも同じです。多少クーラーを利《き》かせて、上半身を薄着にし、下半身にだけ布団をかければいいのです。そのほうが涼しく感じられ、ぐっすり眠れるでしょう。

「湯たんぽが寝ている間に足に触れていると、低温やけどをしてしまう。だから寝る前に取り出さなければならない」と言われることがあります。

実際のところ、靴下を重ね履きしていれば直接的なやけどの心配はありませんし、人間は本来、何度も寝返りを打つものですから、それほど心配はいらないのです。低温やけどは同じ場所に長時間、熱を持ったものが触れているときに起こるのですから。

それでも低温やけどをする場合は、これも毒出しです。

ちょっと不思議な話ですが、道端でつまずいて膝《ひざ》をケガするような場合も同じで、

「悪い場所があるから、そこを傷める」のです。ケガをしたときに経穴《けいけつ》図を見てみると、傷が具合の悪い内臓に対応したツボのあたりにあることが多いのです。いつもタンスの角に足の小指をぶつけるなど、同じところを何度もケガする話もよく聞きますが、これも同じ考え方ですから理解できます。

だから**冷えとりで毒出し生活を続けていると、低温やけどをすることもなくなります**。かといって、積極的に低温やけどをしよう、ということではありませんよ。しょっちゅう低温やけどをしてしまう人や不安な人は、湯たんぽの位置をぐっと下にして足に触れないようにしておく、湯たんぽを厚手のバスタオルやブランケットで包んで肌との距離を遠くする、など対策を講じましょう。

また、低温やけどをしやすい人は出たがっている毒がある、ということですから、半身浴をよりしっかり行ない、そこで毒を出しきるようにしたいものです。

赤ちゃんの場合は、生後4〜5カ月して寝返りが打てるようになるまでは、親が注意する必要があります。この時期は予熱として、あらかじめ布団の足元を温めるために使うぐらいにしておきましょう。

冷えとりには陶器製の湯たんぽが最良です。熱源は同じ水（お湯）なのですが、熱伝導率が低く保温性が高いことや遠赤外線が出ること、自然な素材であること、そして内部の水を少しずつ放湿することがよいようです。

ただし、重量がありますし、落とすと割れてしまうという欠点もありますので、そのあたりは無理のない範囲で選んでください。ポリエチレンやゴム、金属製の湯たんぽもありますので、そちらを使ってもよいでしょう。

4歳や5歳にもなったら、家族の湯たんぽを布団に入れる仕事を、子どもにさせてもいいですね。103ページでも述べますが、子どもにお手伝いをさせることは、道理を学ばせられますし、冷えとりを自然に取り組むきっかけにもなります。

ただし、陶器製の湯たんぽは、落とすと割れて熱湯が飛び散りますので、子どもが落とさないで運べるかなどを周囲がちゃんと考えて、手伝わせるかどうかを判断してください。

ちなみに、湯たんぽ以外で暖をとる道具には、電気あんかや電気毛布もありますが、皮膚が乾燥することもあり、湯たんぽが一番いいようです。

子どもの不調は顔色に出る

体の具合が悪いと、大人だけでなく子どもも、すぐ顔の色に出ます。東洋医学では、患者の脈を診る前に顔の色を見ることを教えているぐらいです。

毒が少ない人は顔の色が薄くて、艶《つや》と潤《うるお》いがあります。一方、体調が悪いと黒や赤、青、黄色など、濃い色になってきます。

たとえば、**黒は腎臓・膀胱《ぼうこう》などの働きに対応する色ですから、顔色が黒いときは腎臓や生殖器・内分泌《ないぶんぴつ》系の病気の可能性があります**。

また、色白美人という言葉がありますが、**極端に色白の場合は、肺や大腸に毒が多い状態です**。きちんと毒出しをすれば、色白であっても血色がよくて艶と透明感のある、健康的な雰囲気に変わります。

体の不調が心に出るだけでなく、**逆に心のありようも体に反映されます**。メソメソしてばかりいると肺や大腸が悪くなり、それを無理に抑えると胃や脾《ひ》臓が毒を引き受

●色と体：感情の対応

青	木	肝臓・胆嚢《たんのう》《怒》	イライラ
赤	火	心臓・小腸《喜》	ドキドキ
黄	土	胃・脾臓《思》	クヨクヨ
白	金	肺・大腸《憂》	メソメソ
黒	水	腎臓・膀胱《ぼうこう》《恐》	ビクビク

けてしまうのです。

上の表は、それぞれの「顔色」「臓器」「感情」の対応をまとめたものです。

顔色をきちんと見ようとすると、目線を近づけることになります。「子どもに話しかけるときはしゃがんで、子どもの目線と同じ高さにしよう」というのは、よく知られていますよね。子どもの顔を見る――こんなに簡単な、毎日できる診断法はありません。

そして、体調と顔色の関係図は老若男女同じです。家族全員の顔色をいつも見守ってあげましょう。

服と体はつかず離れず

体を締めつける服は、冷えとりの観点からは好ましくありません。それは皮膚に絶えず緊張を与えますし、毒出しを阻害するからです。ゆったりして、煙突《えんとつ》のように空気が上下に抜けるような服ならば、暑苦しく感じることもありません。

大人でも子どもでも「服と体は、つかず離れず（不即不離《ふそくふり》）」が原則で、体にやさしくまとわりついて、歩くたびに軽く皮膚をさすってくれるような感じのものが理想です。ちなみに服以外でも、シルクの布で皮膚をさすったり撫《な》でたりすると、毒出しになります。穴だらけになった絹の靴下を使ってもいいですね。

「子どもがパジャマのウエストのゴムを嫌がって、ズボンを脱いでしまうんです」というお母さんがいらっしゃいます。お子さんの体が素直で、締めつけられることの不快感を訴えているようです。また、その部分から毒出しをしている場合もあります。ズボンを脱いでしまっても、靴下をたくさん履いていれば問題ありません。

赤ちゃん用の冷えとり5本指靴下は売っていませんが、大人用でけっこうです。というのは赤ちゃんの足の指は細く、開いていないため、5本指の靴下を履くことができません。先丸の靴下を4枚以上重ねて履かせましょう。できるなら10枚ぐらい履かせて、一番外側にだけ、一般的な赤ちゃん用の靴下を履かせて脱げにくくなるよう押さえます。押さえるといっても、締めつけないように注意は必要です。

大人用の冷えとり靴下は、赤ちゃんの脚のつけ根までできますので、レギンス兼用のようになります。冬はその上からズボン下を穿《は》かせます。上半身は裸か、絹の肌着を1枚（半袖か袖なし）で大丈夫です。

「たくさん履かせているのに、むずがっている」というときは、足の温度を確認してみましょう。靴下と足の間に手を差し入れてみればわかります。

冷たいときは、できれば半身浴か足湯で一度しっかり足を温めてから、再び靴下を履かせましょう。どうしても難しいときは、靴下を確認してみて、湿っていないよう

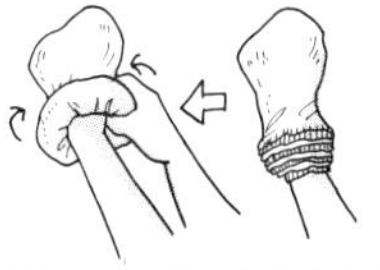

①裏返しにした靴下数枚を大人の手に被せる。
次に、まとめてクルッと裏返す

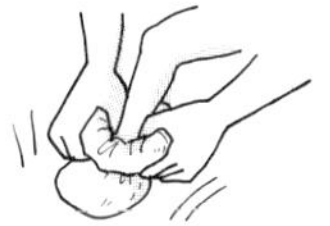

②子どもを抱きかかえて安定させながら履かせる

なら、その上からさらに靴下を追加します。湿っているなら、すべて交換したうえで追加しましょう。

そうやって頭寒足熱を保って育てていくと内臓が丈夫になるため、骨格や肉づきのしっかりした体形になります。

歩き始める頃

靴下は乳児期と同じように大人用のものを履かせておけばよいでしょう。

靴下を履かせている最中は退屈になるのか、よそに行きたがってしまったりします。そんなときは**「重ね靴下返しの術」**があります。まず靴下数枚を裏返して大人の手にはめ、まとめてクルッと裏返してから履かせれば、一回で済みますよ。
最近は土踏まずのない子どもも増えていますが、冷えとりキッズは元気に歩き回るので、土踏まずもしっかりできてきます。

4〜5歳

5本指の靴下が履けるようになります。子ども用の5本指ソックスはなかなか売っていませんので、お店に問い合わせるか、各家庭で工夫する必要があります。ちょっと強引ですが、大人用の靴下を履かせてしまっている人もいます。

保育園や幼稚園にいるときも、できれば冷えとりをさせたいものです。できることなら、先生に話をして理解を得ることがベスト。断られる場合もありますが、子どもが一人でちゃんと靴下を履けるようなら、交渉してみてもいいと思います。

でも、まだ一人では履けなかったり、交渉が難しかったりするようでしたら、無理を通さず、園の指示に従いましょう。**帰宅してからしっかり足元を温めるようにすればいい**のですから。

子どもが寝ているときに靴下を脱いでしまうときは……

保育園・幼稚園に行くようになると「周囲と違った服装は嫌だ」と主張する子どもは少なくなくありません。それは自我が育ってきたということでもありますから、「あなたの体のためなのよ！」と怒ってはダメです。親子で話し合いながら、バランスのよい方法を見つけていきましょう。

いろいろな方の体験談を聞くと、どのご家族も自分たちなりの方法やルールをつくっているようです。

最近、Sさんご夫妻から、「靴下を履いても、寝ている間に脱いでしまいます」という相談がありました。

寝ている間に靴下を脱ぐ理由としては、上半身を厚着していることが考えられます。こうアドバイスするとSさんは「薄着です」と答えましたが、詳しく聞いてみると、長袖のTシャツを着せている、とのことでした。

冷えとりでは、体の一番上は両手首から上、特に右手首から上と考えます。だから、手首は涼しく保つところなのです。そのため、できるなら冬でも七分袖や半袖を着て寝るようにしていただきたいところです。

また、靴下を2〜3枚履く程度ですと、子どもはすぐに脱いでしまうようです。一つの方法としては、そこで**一気に10枚以上履かせてしまいましょう。**最初は嫌がって脱ごうとしますが、それだけ重ねるとすぐには脱げません。すると、ゴソゴソしているうちに、眠たさに耐え切れずに深い眠りに入ってしまいます。

親もその様子をときどき観察して、脱いだと気づいたら、また根気よく履かせればいいのです。

ずっと続ける必要はありません。毎晩そうしているうちに、子どもはだんだん靴下の気持ちよさがわかってきて、脱がなくなるからです。くどいようですが、上半身を薄着にするのを忘れずに。

こういったことは、親自身にやる気と根気がなければうまくいかないものです。

大食すると、背が伸びない

食欲は人間の三大欲求の一つで、現代社会では満たされることが多く、制御するのが難しいものです。

生物の体はよくできたもので、本来はあまり食べすぎないようにできています。たとえば、食べすぎると膝が悪くなるという現象があります。動物は膝が悪くなると食料をとりにいけないので、必然的に食べすぎはなくなり、やがて膝の症状は収まります。もともとはそれでバランスがとれていたのですが、文明社会では膝が痛くてもどんどん食べられるので、せっかくのセンサーが台無しになっているのです。

「成長期にはたくさん食べさせないと背が伸びない」と思っている方もいらっしゃいますが、何事であれ限度を越えてはいけません。**食べすぎると、むしろ背が伸びないのです。** 子どもが欲していないのなら、無理に食べさせないようにしましょう。

物が豊かだと食べ物を粗末に扱いがちですが、足りないと大事にするものです。それと同じで、**栄養もむしろ「ちょっと少ない」**ぐらいのほうが、**胃腸もそれを大事に処理するため、消化吸収がよくなる**のです。

また東洋医学の経絡《けいらく》図に代表されるように、人体は不思議といろいろなところがつながっているものです。大食ばかりしていると、股関節《こかんせつ》が悪くなったり、鼠径《そけい》ヘルニアや脱腸などの症状が出たりします。

さらに、膝や大腿骨《だいたいこつ》の上下の端が悪くなります。骨が縦に伸びるのは、全体が伸びるのではなく両端の成長線（骨端線）の部分です。つまり、そこが悪くなると背が伸びない、ということです。

骨端線があるのは成長期だけで、大人になると閉じてしまいます。だから、小・中・高時代の食生活が肝心なのです。

また、食べすぎると頸椎《けいつい》4番から7番がペチャンコになってしまいます。首の骨は7つありますが、その上から数えて4・5・6・7番目の骨です。猪首《いくび》と言って、首の短い人がいますが、一つの原因としては食べすぎが考えられるわけです。

顎を鍛えれば、頭が鍛えられる

子どもに柔らかいものばかりを食べさせるのは、よくありません。噛《か》むことは、言葉にも影響します。**あまり物を噛まないでいると顎《あご》の発達が悪くなり、しかも舌を使わないので、言語の発達が遅れてしまうのです。**

たとえば舌が前に出て前舌母音《ぜんぜつぼいん》発音が増えると、子どもっぽいしゃべり方になります。これは顎が狭く、舌の動きが悪いためです。

また、「顎の関節は、生命力の中心の強さを表す」という考え方があります。しっかり噛んで顎の関節を鍛えることは、生命の基本なのです。だから**「顎の弱い人は早死にする」**と言われています。

よく噛むと食べ物が細かくなり、消化液と混ざりやすくなり、消化がよくなります。また、噛みあわせが悪いと体のバランスが崩れることが知られているように、**顎が弱いと体の芯が弱くなってしまう**のです。

顎を鍛えるのは、年をとってからでも遅くはありませんが、子どものうちから顎を鍛えておくのは、もっとおすすめです。顎が過度に小さくならなければ、八重歯や歯列矯正が不要となることもあります。

だいたい生後3カ月ぐらいしたら、指を口に持っていく行動が出てきます。顎の骨のなかで歯が生えようとしていて、むずがゆくなり、「噛みたい」と思うのです。そこで、長めに切ったコンブやスルメを持たせてみましょう。長めに切るのは、短いと飲み込んでしまって喉《のど》につっかえるからです。

そうすると、子どもはずっと噛んでいるため、顎が鍛えられます。細かい破片を食べてしまうことはありますが、それぐらいなら離乳食期より前でも問題ありません。

そうしたら少しだけ、スープやお味噌汁などを飲ませてみます。さらに何週間、何カ月かしたら、体の具合を見ながら、柔らかくしたジャガイモを食べさせるなどして、少しずつ種類を増やしていきます。そうすれば、10カ月ほどで離乳できます。

よいものだけを与えようとしない

50～51ページでも述べましたが、食べ物には、体を温める性質のものと、冷やす性質のものがあります。別の言い方では、体を温める性質の食品は「陽の食品」、冷やす性質の食品は「陰の食品」となります。これは食品の温度には関係ありません。

たとえば牛乳はカルシウムを多く含み、子どもの成長には必要なものだと言われています。でもこれは陰の食品なので飲みすぎると体を冷やしてしまいます。ホットミルクにしたとしても、同じことです。

現代の、特に都市部の生活は、体が陰に傾きやすいので、陽のものを意識的にとる必要があります。冷えとりでおすすめするのは、陽の食品です。

しかしだからと言って、「陰のものは一切食べない！」とかたくなになって陽のものばかり食べていては、かえって体を悪くしてしまうのです。

なぜなら、よいものばかり食べていると、悪いものに抵抗する力が弱くなります。

これは「廃用退化（廃用萎縮《いしゅく》）」と言い、深海魚の目が退化してしまうように、使わない能力は衰えてしまうからです。

だから、甘い「おぜんざい」に、一摘《ひとつま》みの塩を入れると甘さが引き立つように、「悪いものを少しだけ取り入れる」ようにします。漢方薬のなかには、プラスの成分のほかに、逆の作用を持つ成分を少しだけ配合するものがあります。これは西洋医学の観点からは理解しづらいものですが、いわば「人体への隠し味」というわけです。

子育て初心者のお母さん、お父さんは「子どもには安全なものだけを食べさせないと！」と神経質になってしまいがちですが、「ちょっとぐらい悪いものを食べたほうが体が強くなる」と、ドンと構えるくらいでもいいでしょう。

そもそも、**幼児は積み木を舐《な》めたり、公園の草を食べたりしたがるもの**です。駅のエスカレーターを上りながら、ずっと手すりを舐めている幼児を見たこともあります。マナーとしてはいけませんが、それで大病になったり死んだりするかといったら、そんなことはないのです。

具合の悪いときは、無理に食べずに寝る

病気やケガを治すために一番よい方法は、「平凡に日常の生活を送りながら、地味に治していく」ことです。最新設備やたくさんの薬を使って治そうとするのは、じつは体にとってはいい方法とはいえないのです。

これについては、人間よりも犬や猫のほうがよっぽど賢いのではないかと思うことがあります。わが家の猫は外でケンカをしてケガをして帰ってくると、数日は何も食べないで寝ています。そうするときれいに治ってしまうのです。

寝ている状態というのは、無駄なエネルギーを一切使いません。必要最小限度に呼吸と心臓だけを動かして、体のなかのあらゆる力を全部、ケガや病気を治すほうに集中できるわけです。

「体を治すときには、栄養が必要だろう」と思われるかもしれません。でも風邪や夏バテで具合が悪いときは食欲がなくなりませんか？　**物を食べて消化するのは、それ**

自体がエネルギーを使うことなのです。消化・吸収に力を割かないほうが、治りが早いのは道理でしょう。

それに、眠っていれば無駄なことを考えずに済みます。「痛い」とか「苦しい」とか考えていると、それらがストレスになって治りが遅くなってしまいます。

人間の体と心はつながっているもので、普段の食事や衣服、生活時間帯、あるいは入浴法といったもので、心の状態も変わってきます。

冷えとりでおすすめしている「頭寒足熱」「腹八分目」で生活していると、クヨクヨ悩むことも減ってくるのです。もちろん、ケガや病気の治りもよくなります。

「風邪をひいたときにお風呂に入るのはよくない」と言われますが、それは肩まで浸かってしまうから。上半身も温めてしまうので、頭寒足熱になりません。

つまり、多くの人がやっているお風呂の入り方が間違っているのです。言ってしまえば「病気になるようなお風呂の入り方」であって、普段は元気だからなんとかなっているだけです。そんな入浴法を病気のときにやるから悪化してしまうわけです。

「ご飯を食べながらテレビを見る」はしてもいい

体をつくるのは食べ物以外にありませんから、特に成長期のお子さんの食事には気をつけてあげたいものです。海藻類や豆、根菜、温野菜など、51ページで紹介した陽の食品を中心に食卓に並べましょう。「1回の食事で30品目をとらなければ」と言う人もいますが、冷えとりをしっかりしていれば、体のほうで栄養を補ってくれるので、あまり気にしなくてよいでしょう。

早食いはよくありません。満腹感が出るまでには食事開始から約15分かかるため、その間にどんどんかき込めば丼《どんぶり》3杯だって食べられます。でも、お茶碗1杯に30分かけるぐらいのつもりで食べれば、必要なだけ食べたところで「お腹いっぱい」になります。お箸《はし》にちょっと載るぐらいを口に入れて、それがトロトロになるまで何度も何度も嚙みます。**「何回嚙むか」というよりも「飲み込もうとしなくても、自然と口のなかで消えてしまう」ようにすればいいのです。**

家族で談笑しながら食事をすると健康にいい、とよく言われます。そのために食事中にテレビを観ることを禁止するご家庭も多いようですが、テレビには家族の会話を弾《はず》ませる効果もあります。

要は「テレビを観ながらご飯を食べる」ではなく、**「ご飯を食べながらテレビも見る」であればいい**のです。もちろんご夫婦で話し合って「食事中はテレビ禁止」と家庭で教育方針を決めるなら、それはそれでいいと思います。

国や宗教によっては「食事中は黙って食べるもの」という教えもありますから、国際結婚や育った地域によってお互いの考えを合わせる必要もあるでしょう。でも、**どんな文化でも大切なのは「感謝して食べる」ということ**です。

「食べる」というのは、動物や植物の命をいただくことです。植物であっても、その命を中断させて、輸送して、調理して、食卓に上っているのです。だからそのすべてに対して「感謝しながら食べる」ことが大切だと言えます。

それをしっかり教えて、よく噛んで、丁寧に食べる――「いただく」ように、家族で取り組んでいきましょう。

住んでいる土地に合わせた冷えとりライフを

「夫の実家がある、いま住んでいるアメリカの田舎では、日本食や食材が手に入りません。本に書いてあるような、玄米ご飯とお味噌汁の生活は難しいのですが、どうしたらいいでしょうか？　暑さ寒さも、日本とは違いますし……」

以前、国際結婚で移住することになったTさんが、悲愴《ひそう》な顔で相談してきました。

「引っ越し先のポートランドは西海岸の北のほうなんですが、夏は暑く、カラッカラに乾くそうなんです。日本と全然気候が違うらしくて、どんな服を着たらいいのかわかりません……」

日本国内でも、北海道と沖縄では気候が違います。外国であっても同じことで、**寒冷地でも亜熱帯でも、「頭寒足熱」の基本は変わりません**。服装は基本を守って、現地で手に入るものを組み合わせましょう。

冷えとりの本ではたしかに「昔ながらの日本食がいい」と書いていますが、これは

「世界で一番コレがいい！」「海外で暮らしても日本食にしよう！」というわけではなく、たまたま、冷えとりの発祥地が日本であることと、また日本の読者を想定して書いているからです。

近年は海外のいたるところで「日本食レストラン」を見かけるようになりましたし、スーパーマーケットでも日本の食材が手に入るようになっているようですが、やはり価格も高く、味もいまひとつと聞きます。

欧米に住んでいる人が日本から玄米を個人輸入する必要はありません。その土地にはライ麦パンなどおいしいパンがありますし、その国ではジャガイモや豆を肉と煮込んだりしてよく食べます。そうしたものを、感謝してよく嚙んでいただけばいいのです。その国、その土地で食べられている食材を使って、その国のお料理をつくって食べる、よく考えれば当たり前のことですね。

これを**「身土不二《しんどふじ》」**と言います。「自分が住んでいるところの近くでとれた食材が一番いいですよ」という意味ですから、その国での食材をありがたくいただけばいいのです。

第3章

冷えとり的、子どもの褒め方・叱り方

——しつけの基本

子どもをどう叱って、どう褒めたらいいの？
あのテレビ番組やこの育児書に書いてあることは、なんだか矛盾している……。
それらに惑わされない、「基本のキ」をお教えします！

今も昔も、親は子どもを保護したいもの

生物にはみんな、自分の種族を存続・繁栄させていこうとする本能があります。だから、子孫を守ろうとするのは、とても根源的な感情です。

しかし、子どもはいずれ巣立つもの。親は、子どもの成長に合わせて、本能を抑えてでも保護の度合いを下げていかなければなりません。

受胎してしばらくは、子宮のなかで完全に保護し、10カ月ぐらいしたら外界に出す――これが出産です。ひとたび生まれれば、日ごとに成長し、「哺乳瓶《ほにゅうびん》を自分の手で持って飲めるようになった」「オムツが外《はず》れた」など、少しずつ自分でできることが増えていきます。

このように、**子どもの成長とともに、親は手を離していくものなのですが、人間は、それを忘れて過保護になりがちです。**

この感情は、今も昔も変わりません。

よく「戦前の親はあまり子どもを甘やかさなかった」と言われますが、これは、結果としてそうなっていただけです。

昔は、洗濯機や掃除機などの便利な電化製品はなかったので、洗濯物があれば、それを片づけるだけで午前中がまるまる潰《つぶ》れるぐらいの手間がかかりました。今よりずっと忙しかったのです。だから親は、子どもたちが学校から帰ってくると、家事を手伝わせるか、家事の邪魔にならないように「外で遊んできなさい」と追い出すしかなかったのです。

つまり、忙しすぎて子どもに構うことができなかったというだけ。昔だって、親に時間さえあれば、子どもに干渉していたことでしょう。

今は家電が普及して、ボタン一つで炊事や洗濯ができるようになりました。掃除もずいぶん簡単になりましたし、最近はロボット掃除機まであります。

こういう世の中ではお母さんも暇になりますから、保護本能を子どもに向けるようになります。そして、**過干渉になって子どもの成長の芽を摘《つ》んでしまう家庭が増えてしまっている**のだと思います。

つらい経験が、子どもを成長させる

人は、「失敗したなぁ」「大変だったなぁ」という経験があると、「次からはこうしよう」と思うものです。そうした反省を繰り返して、少しずつ危機回避力や問題解決力を身につけていきます。

ですから、**子どもには多少の〝つらい経験〟をさせるほうがいいのです**。それなのに、「かわいそうだから」と親がすべて先回りして代わりにやってしまうと、成長の芽を摘んでしまうことになります。

大ケガや死亡事故につながることのない、ちょっとやそっとの軽いケガなら、させればいいでしょう。厳しいようですが、そうしたつらい経験を通して、子ども自身ができることを増やしていくことが大切なのです。

たとえば、2歳の子が20センチの高さのあるフロアの段差ギリギリのところにいるとします。つい、「危ないから」と、別の場所に移動させてしまいがちです。しかし、新生児ではないのだから、特別な理由がないかぎり、見守るだけで手を出さずに放っておくのが賢明です。

見ていたら、子どもが段差から落ちて泣き出したとします。「かわいそうだから」と撫《な》でてやりますか？　いいえ、「いつまでも泣いていないで、上がってきなさい」と言えばいいのです。子どもは「泣いても無駄だ」とわかると、自力で這《は》い上がってきます。

わが家では、子どもがハイハイの時期に段差から落ちることがたびたびありましたが、子どもはまったく泣かず、平気な顔で遊んでいました。それでも落ちた最初の1、2回は泣いていたのですが、大人が「危険はない」と判断して厳しく接した結果、泣かないようになったのです。

もちろん痛覚はありますから、「落ちるのは危険だな」と学びます。だから、段差があると本人が自然と気をつけるようになります。そうしたことを学ばずに小学校にあがって遊び回るようになると、危機回避力が育っていないため、事故などに遭《あ》う危険性が増してしまいます。

また、親に〝保護本能〟があるように、子どもにも〝甘える本能〟があります。たいてい子どもは転んでもすぐには泣き出さず、親の目を確認してから泣くものです。親を確認して安心するのですから、最初のうちはやさしく接してあげてもいいでしょう。しかし、それだけでは子どもの生きていく能力は育ちません。いろいろと苦労をさせておけば、本人が努力や工夫をしますし、根性もつきます。

親の仕事は、子どもから危険を取り上げることではありません。**「本当に危ないことにならないように目を離さない」**、そして**「無駄に甘えさせない」**——それが何よりも大切なのです。そして、子どもが「できなかったことが、できるようになる経験」をしたときには、ぜひ親も一緒になって喜んでください。

子どもがはじめて立ったとき、歩いたとき、「ママ」「パパ」と言ったとき、親はみんな、大喜びするでしょう。それと同じように、子どもが何か新しいことをできるようになったら、喜んであげてほしいのです。親が喜んでくれたという、子どもにとって嬉《うれ》しい経験が、次の成長へとつながり、親子の絆《きずな》をさらに深めてくれるでしょう。

「転んだ子は起こすな」

子どもが転んだとき、かわいそうに思ってつい手を差し出し、起き上がるのを手伝ってあげたくなるものです。しかし、これもよくありません。

「転んだ子は起こすな」――わが家では、こういう言い方をしています。

幼くてまだ立てない子は、最初から転んでいます。こういう子は、起こしてもまた転ぶものなので、そもそも起こす必要はありません。

一方、**転ぶ子は、〝自分で立てるから転ぶ〟のです**。転ぶことができる、ということは、自分一人の力で起き上がることができる、ということ。ですから親は、子どもの起きる力、立てる力を信じて、手を出さずに見守っていなくてはいけません。

転んで膝《ひざ》を打った瞬間、子どもはびっくりして「ものすごく大変な目にあっている」とショックを受け、泣きわめいたりします。しかし、こんなときこそ親は心を鬼にして、「自分で立てるのであれば、膝の痛みを我慢して立ち上がるしかない」という〝我慢する力〟を、子どものなかに育ててあげてください。

大人になれば、かならず理不尽なことや不条理なことを経験するはずです。我慢できるように育っていれば、そう感じるようなつらい経験をしても、挫折《ざせつ》することなく耐えて頑張り続けられるようになります。そうして耐えていれば、いずれは大輪の花を咲かせられることでしょう。

一方、幼い頃から甘やかされ、転んだときには起こしてもらい、泣いたら泣いた分だけかまってもらえるような育ち方をした子は、我慢を知らないまま大人になります。そして、就職してから急に「社会人なんだから、これぐらいできるだろう」と、いきなり重荷を背負わされるのです。でもその〝重荷〟は、実際は全然たいしたことのないものかもしれません。でも、我慢を知らずに育った子にとっては、たしかに重荷――大きな負担になってしまうのです。

子どもの人生を長い目で見れば、**本当にかわいそうなのは、転んで痛い思いをしながら一人で立ち上がる、その貴重な経験を親に奪われてしまうこと**だということが、おわかりいただけたでしょうか。

自分で歩けるようになったら、お手伝いをさせる

第2章にも書きましたが、冷えとりの考え方の根底には、「道理に反しない生き方」というものがあります。

親は子どもに、この道理というものを教える必要がありますが、とはいえ、いきなり道理と言われても、最近の若い方は難しく感じてしまうかもしれません。

そこで一つ、道理を子どもに学ばせるのに最適な方法をお教えしましょう。

それは、**「お手伝い」**です。子どもが歩けるようになったら、手紙や新聞など、持って歩ける程度の物を持たせましょう。そして「これ、お母さんに渡して」「お父さんに渡してきて。お願いね」と、仕事を頼むのです。

もう少し大きくなれば、毎朝郵便受けまで行って、新聞をとってくることもできるでしょう。受けとった側は「ありがとう。また明日も頼むね」と言ってあげると、子どもは「お父さんの役に立っている。明日も頑張ろう」と思います。

これは「頼り、頼られる」という、人間社会の出発点です。人は一人では生きていけません。人は誰しも、人と人との触れ合いのなかで生かされています。

ですから、**「人に何かをしてもらうだけではなく、自分が何かをしてあげることで相手が喜んでくれると、自分も嬉しくなる」**というのは当然のこと。つまり道理です。お手伝いをさせていれば、子どもはこれを自然に理解していきます。

さらに、人間は本能的に、〝感謝されること〟を求めているものです。だから、やがては〝相手の願いに気づいて、気を利《き》かせる〟こともできるようになります。

こういったことを、幼いうちにきちんと教えておかないと、子どもは「人にしてもらうのが当たり前」と感じ、感謝もなく気を利かせることもできないまま、大人になってしまいます。最近、悪気はないのに気の利かない若者が多いと聞きますが、こういったことが関係しているのかもしれません。

最初のうちは、子どもに手伝わせることで、かえって親の負担が増えることのほうが多いのは仕方ありません。特に幼いうちは、食器を落として割ったり、牛乳をこぼしたりと失敗も多く、親はその後始末をしなければならないでしょう。子どもが大ケガをすることがないよう、しっかり見ておく必要もあります。

それでも、やがて子どもがちゃんと手伝えるようになれば、親の仕事は確実にラクになります。親が言わなくても、「雨が降ってきたから洗濯物を取り込んでおく」「雨の日の校庭で転んでたくさん泥がついたから、洗濯機に入れる前に下洗いをしておく」などと自分で判断して自主的に行動できる、頼もしいパートナーになってくれることでしょう。

子どもに勉強させたいなら、親が学ぶ姿勢を見せる

「厳しくするのは逆効果。子どもは褒《ほ》めて伸ばそう」「最近の親は、子どもを甘やかしすぎ。『褒めて育てる』といっても限度がある」といった意見に、惑わされてしまう若い親御さんもいらっしゃるようです。

まず、周囲に惑わされてはいけません。彼らは子育てに責任を持ってくれませんから。考えるべきは、「子どもをどう伸ばすか」ということ。それには褒めるだけでなく、**何が大事かを諭《さと》し、見本を示して教えること**が必要です。

だから、勉強の成績ばかりで評価するのは感心できません。医師Y氏の娘であるSさんは中学時代に転校しました。勉強は苦手だったのですが、転校前に「医者の娘」という情報が「きっと成績優秀な美少女に違いない」という噂《うわさ》として広まってしまいました。転校後、実際のSさんを見た女子たちは、「男子はとても期待していたのに正反対だった。おかげで私たち安心したわ」「あんたって何をやらせてもダメなチビ

デブね」と、子ども特有の残酷さでSさんを馬鹿にしました。

Sさんが泣きながらお母さんに相談したところ、「仕方ないよ、私だって大した人間じゃないんだから」と諭されました。そして「勉強がいくらできてもお茶一ついれられない。ご飯の炊《た》き方もわからない。とれたボタンのつけ方も知らない。そんな人間は社会では役に立たないよ。勉強ができなくても、身の回りのことができて、他人を思いやる心を持つことが大切だよ」と教えられたのです。

学校の勉強ももちろん大事です。しかし、**親が自分のことを棚に上げて、子どもにだけ勉強させようとすると、子どもは反発します**。そういう親がよく言う「自分ができなかったことを、子どもにはできるようにしてあげたい」という理由は、立派に聞こえますが、単に自分がサボっているだけです。

全然本を読む姿を見せないくせに「本を読みなさい」と言っても、聞くわけがありません。でも親が日頃から読書をしていれば、子どもはそれを「当たり前のことだ」と思うもの。

親は「本当に学ぶべきことを、どう学ぶか」の見本になりましょう。

親にこそ必要な「本当の真剣さ」

物事に真剣に取り組むのはよいことですが、ときとして気づかないうちに「間違った真剣さ」に突っ走ってしまうことがあります。

脳に障害のある5歳の息子を持つTさんは、いろいろな病院を回って治療法を探していました。さまざまな診療科や漢方、民間療法、果ては霊能者まで探したそうです。でも、大してよくならない。先天的な機能の欠損は「治る」というものではないのですが、それでも「少しでも具合がよくなれば」との思いでした。

Tさんは、泣く子どもの涙をすぐぬぐってやります。ほかにも危険そうなものはあらかじめすべて排除して回ることに〝真剣〟に取り組んでいました。こう指摘するのは心苦しいのですが、これは「間違った真剣さ」なのです。

Tさんは「子どもがよく泣くから」と、すぐにその涙を拭《ふ》いてしまいます。自分で拭ける涙を親が対処してしまうことが、その子にとってよいことでしょうか？　一事が万事その調子で、「この子がかわいそうだから」と、Tさんはすべて先回りしてしまっていました。

前にも書きましたが、子どもは少しぐらいつらい目に遭うほうが、体も知能も成長します。それを、5歳にもなって涙すらぬぐってもらっているようでは、**一生懸命「脳が成長しないように」と育てているようなもの**です。

Tさんが使っている多大な労力は、空回りしている部分が多かったのです。これでは成果が上がらないうえに、自分自身の心もまいってしまいます。基本的に、親のほうが先に死ぬのですから、すべての面倒を見続けるような生活は、いつか終わるのだということを忘れてはいけません。

障害のあるお子さんであっても、「いけないことはいけない」「自分でできることは自分でする」ことを教えてあげるべきでしょう。子どもがかわいいのだったら、心を鬼にして厳しくする「本当の真剣さ」が必要なのではないでしょうか?

なお、Tさんのお子さんは、ご家族で冷えとりに取り組むことで、少しずつよくなっているそうです。人体には足りない部分を補う能力があります。脳も例外ではなく、ほかの部分が発達して、働きを引き受けることができるのです。

もう一つ事例を挙げましょう。

冷えとりで妊娠・出産に成功したNさんが、1歳の赤ちゃんを連れて勉強会にいらっしゃいました。

赤ちゃんがベビーカーのなかでむずがっているので覗《のぞ》いてみると、赤ちゃんは裸足です。Nさんに「どうして靴下を履《は》かせないんですか」と聞くと、「赤ちゃんにも履かせるんですか？」という質問が返ってきました。

Nさんはいつも勉強会に熱心に参加していて、靴下も欠かさず履いています。そんな彼女でも、自分のことと子どものことを分けて考えてしまうようです。Nさんは、視野がとても狭くなって、努力の方向性を間違えてしまっているようにも感じました。

間違った真剣さを貫いても、正しい結果は得られません。本当の真剣さをもって、冷えとりに取り組んでいただきたいと思います。

「手出し・口出しをしないで、目を離すな」

冷えとり子育ての鉄則は「子どもには、手出し・口出しをしないで、目を離すな」というものです。

子どもが小さいうちは「目を離さないこと」。これにつきます。

そのうえで自由に遊ばせましょう。それで大ケガをしそうなときとか、落ちると大けがをしてしまうようなときとか、このままじゃ危ない、というときにだけ手を出すのです。

「この子はまだ1歳なのに活発で、走り回ってすぐ転ぶので、アスファルトの上を歩かせたりしたら、頭を打ってしまうんじゃないかと怖くて怖くて……」

Kさんという若いお母さんが、こう相談してきました。

アスファルトの上で転んでも、膝を擦《す》りむく程度です。Kさんは子どもがアスファルトで頭を打つことを心配していますが、お子さんの様子を観察していると、たしかによく転んでいますが、転ぶときにきちんと体を丸めて頭部をかばうように、上手に転べています。自動車などの危険がないと判断できるところなら、アスファルトの上だろうと、安心して走り回らせればいいのではないでしょうか。

それよりもKさんのお子さんの場合、物をくわえたまま歩き回ろうとすることのほうが問題でした。転びそうになってから助けようとしても間に合いません。

これは大きな危険です。スプーンなどの長いものをくわえたまま転ぶと、喉の奥を突いてしまうこともありますし、ひどいときは脳まで損傷したりすることがあります。おおげさかもしれませんが、そうなると一生残る障害を負いかねませんし、場合によっては生命も落としかねません。

Kさんは「じゃあスプーンは全部隠します」と言い出しましたが、それもまた違います。**幼児は、親が想像もつかない「長いもの」を見つけて、くわえて歩き回るものですから、その危険性を教えなければなりません。**

「離しなさい」と口で言っても乳幼児にはわかりません。ですからそんなときは、くわえたスプーンの端を、ごくごく軽くポンと突いてやります。喉に入りかけてウェッとなって少し痛みもありますから、その不快感に子どもはスプーンを吐き出します。

つまり、転んだときの危険を、あらかじめ親が教えるのです。

家庭には、子どもにとって危険なものがたくさんあります。お風呂だってそうですし、キッチンは尖《とが》ったものや熱いものだらけです。

ストーブに触れそうな子どもをじいっと見守り、触れた瞬間に遠ざける――なんてことは簡単ではありません。「家事をしながら、完全に子どもを見守る」のは日常的にはとうてい無理です。

だからこそ、**意図的にちょっとした危険に遭わせること**が、場合によっては必要になってくると思います。

たとえば熱いヤカンの危険を教えるとき、ギュッと触れさせては、本当にやけどをしてしまいます。完全に接触させるのではなく、熱いものにギリギリまで手を近づけさせれば、人間の感覚として避けようと手を引っ込めるものです。これは危険を体験させる際の基本です。

包丁などの刃物でも、ケガしない程度にチョンチョンと手などを突くようにすれば、子どもは「あれは痛いものだから触るときは気をつけよう」と体感します。こうしたことを学ばせれば、おのずと子どもが自分で考えるようになって、いつも親が見張っていなくても自分で気をつけるようになるわけです。

子どものうちに危険に対する警戒心をきちんと育てておかないと、いろいろなことに無防備なまま大人になってしまいます。何をどこまでやったら危険なのかがわからないので、びっくりするようなことをして、周囲に大迷惑をかけるようになってしまうでしょう。

もちろん、お母さん一人ではなかなかできないものです。繰り返しになりますが、自分の親でも保育園でも、頼れるものはどんどん使っていきましょう。

もいいと思っています。

性差もない状態から、10歳ぐらいで「人間」になる

きちんと説明しないと反発する人もいるかもしれませんが、はっきり言って、子どもは動物と大差ありません。いいえ、「子どもは動物です」と言い切ってしまってもいいと思っています。

人間として生きる権利、学ぶ権利はあっても、**大人と同様の一人の人間として扱えないことを明確な事実として認めなければ、本当にきちんと子どもを育てることはできません。**

私が思うに、子どもが〝人間〟になってくるのは、だいたい10歳ぐらいです。

昔は「七つまでは神のうち」と言いました。ある学者によれば、「当時は乳幼児死亡率が高かったため、『神様から預かっているだけ』と考えておくと、親の心理的負担が少なくなる」という合理的な慣習からきているのだそうです。

第2の理由として「このぐらいの年齢までは『人間らしい判断』ができない」とい

うことも考えられます。

こうしたことからもわかるように、「小さな子どもに接するときは、大人とは違う」と考えておかなければなりません。

性別の考え方についても、大人とは違います。小学校2年生ぐらいまでは、男女差はほとんどなく、一つの性（モノセックス）と言えます。男でも女でもなく、「子ども」なのです。

だから「男の子だから」「女の子だから」と区別して接するのはよくありません。「男女七歳にして席を同じうせず」という中国の古い格言は、単なる封建道徳の遺物ではないのです。

また、**「年上だから」「年下だから」と差をつけるのもよくありません。子どもに対しては、皆平等に扱うことが大切**です。「他の人より自分が損している」と気づくのは、類人猿にもある原始的な能力です。子どもだからといってごまかしは利かない、と考えたほうがいいでしょう。

3～4歳ぐらいになると、自意識が出てきます。いわゆる第一反抗期ですね。無理やり言うことを聞かせようとせず、望むことを適当にやらせながら、抑えるところは抑えていく必要があります。

やがて10歳ぐらいになると、自分の意志だけでなく、家族や友達、先生の行ないや考えを批判する力が出てきます。この時期は特に荒い言葉を使わないようにしましょう。このころは生意気盛りです。

さらにもう少し成長すると賢さが増して、「余計なことは言わない」という知恵が身についてきます。

子どもがそういう時期に差しかかってきたら、いよいよ親はしっかりしていないといけません。「子どもは親の背中を見て育つ」と言いますが、観察力や思考力がついてくるからです。

逆に言えば、その年齢までは、「子どもを一人前の『人間』とは扱えない状態」ということです。

10歳ぐらいになれば、「お互い独立した人格を持つ個人と個人である」ということを認め、人間どうしの関係性を築いていくことになります。

祖父母も甘やかさない

「両親は厳しいけれど、祖父母は甘い」——昔からそんな光景がありますね。

最近は共働きの家庭が多く、都市部では保育施設が不足していることもあって、祖父母に子どもを預けなければならないケースも増えていると聞きます。そういうときは、遠慮せずに相談し、頼ってしまいましょう。

でも**祖父母は必要なときに手助けをすればいいのであって、常日頃から口出しをするべきではない**でしょう。あくまでも若夫婦が決めた子育ての方針を邪魔しないように接するのが、お互いにラクで、仲良くできるコツだと思います。

なかには、お嫁さんに対して「ウチは代々この方針なの！」と言いたい人もいるかもしれません。でもその「代々」なんて、いい加減なものです。たとえば「家族の団欒《だんらん》」は明治以降に生まれた新しい習慣です。

もちろん本当に１００年続いているのであれば立派な伝統ですが、「家」制度も戦後には変わりましたし、時代に合わせて変化していくべきものなのだと思います。

同居や近い距離に住んでいるのとは逆に、遠方に住んでいてたまにしか会わない場合、孫を甘やかしがちです。でも「孫がかわいいから」というのは年寄りのエゴですよね。甘やかすことは子どものためになりません。

わが家では、孫や姪《めい》、甥《おい》がどんなにかわいくても、甘やかすことは避けます。お金は渡しません。たまに絵本を贈りますが、オモチャをあげたことはありません。

孫に対しても、叱るときは親よりも厳しく。悪いことをしたときには叩いたりもしました。でも、遊ぶときは第4章のような方法で、体を使って思いっきり遊んであげます。きちんと接していれば「自分たちのため」と理解するもので、大きくなって社会人になった今でも「爺《じい》ちゃんに会いたい」と、ときどき訪ねてくれます。

「孫は子よりかわいい」という言葉があります。

親でいる間は忙しかったけれども、隠居してからは暇だから、とことん孫をかわいがる――これは、孫に対しては「育てる義務」を負わずに、「保護本能を叶《かな》える」ことの快感だけが満たされるからで、頭を使わない無責任な状態なのです。

褒めるのではなく、共に喜ぼう

子どもが学校のテストで100点をもらって帰ってきたとき、「100点とれたの？　さすがだね！」と褒めるのはよくない、という話は最近広く言われるようになってきました。

条件をつけて成功を褒めると、「自分はテストでよい点をとるから、よい子なんだ」「悪い点をとってしまったらいけないんだ」と認識してしまうからです。**「（100点がとれて）よかったね。よく頑張ったね」と褒めるほうがいいでしょう。**

親の真価が問われるのは、次のテストで点数が悪かった場合です。

日常的に忙しい親の多くは、つい「あなた何やってるのよ！」と感情的になってしまうかもしれません。

たしかに、もし遊んでばかりいて勉強せず、それで点数が悪かったのであれば、キッチリ冷静に叱って、自己責任を教えるべき場面でしょう。

ですが、努力しても点数が悪かったのであれば、「頑張っていたのに残念だったね。結果が悪くても頑張ったことが大切なんだよ」と言ってあげるのが重要なのではないでしょうか。テストの点数よりも、自分で工夫してどれだけ努力したかのほうが重要なのですから。

大人でもそうですが、どんなに頑張っても目に見える成果が上げられないときがあります。そのときに諦めないで頑張っているとそのうちに報《むく》われるときがくるかもしれませんし、こないかもしれません。

オリンピックの金メダリストが「頑張れば夢は必ず叶う」などと言います。その人はたしかに大変な努力をしているのですが、その背後には何千人、何万人という「頑張ったけれど夢が叶わなかった人」がいるのです。

「世の中はそういうものだよ。**必ず報われるという保証はないけれど、それでも真面目に頑張らないといけない**んだよ」

ということを教えるのは、親の役割でもあるのです。

「怒る」と「叱る」は別物

「怒る」ことと「叱る」ことは違います。

「怒る」のは「自分のなかのいらだちを外に出すこと」で、「叱る」のは「相手の間違いを正すこと」です。

でも、ときどき間違えている親御さんがいます。

「私が叱るのは、あなたのためなのよ！」と、あきらかにキレた様子で叫ぶお母さんが、その例です。

実際、子どもは何かを間違えたのでしょう。悪いことをしたのかもしれません。でもそれを正そうとする過程で、いらだちから理性を失い、怒鳴ってしまうのは、いかがなものでしょうか。

そこまでヒステリックでなくても、「あなたのため」と口に出して言うと、かえって子どもは反発することが多く、逆効果です。

子どもは大人が思っているよりも敏感です。あなたも子どものとき、そうではなかったでしょうか。**わざわざ言葉にしなくても、親が感情だけで怒っているのか、自分のために叱ってくれているのか、自然とわかるものです。**親が自分の都合で怒っていることを「あなたのために」とごまかしているのであれば、だいたいバレてしまっています。

また、最近気になるのは、叱るべき「とき」――タイミングを見誤っている大人が多いように思えることです。

たとえばスーパーマーケットなどの広い店舗で子どもが走り回っていても、電車の座席に靴を履いたまま立って遊んでいても、叱らない親が多いように思えます。公共の場でのマナーは、社会性の問題――つまりは、**人間が人間らしくあるために必要なもの**です。ちょっと単純な熟語解釈ですが、人間とは「人の間で生きるもの」なのですから。

自分の子どもを動物ではなく立派な人間として育てたいのであれば、「他人の迷惑になることをしてはいけない」と、ビシッと叱るべきではないでしょうか。

こするように、ペシッと叩く

「たとえ何があったとしても、子どもを叩くのはよくない」「どんな子どもでも、言い聞かせればわかる」「叩くのは親として、失格」

こんな極論を言う方も、世の中にはいらっしゃるようです。

中学生以上ならその通りかもしれませんが、小さな子ども（おもに未就学児童）はそうとは言い切れません。前に述べたように、子どもはまだ「人間」になりきってはいないのですから。

よくない言動は、できるだけ言葉でしつけたいものです。でも、棒でほかの子どもを叩くとか突き飛ばすといった危険な行動をしたときには、丁寧に言葉で諭す暇なく、とっさに叩く必要も出てくるでしょう。

また、ケガをしたわけでもないのに転んだまま立ち上がらないとか、あきらかにダダをこねているとわかるときには、「3つ数えるうちに立ち上がらないと叩くよ～。

1……2……」とカウントします。これは怒って感情的にきつく言うわけではありませんが、人によっては前時代的だと思われるかもしれません。でも、幼児というものが昔と今とで変わったわけではありません。

本当に膝を擦りむいて痛くて立ち上がれない場合と、わがままで立ちたくないときでは、子どもの反応は違ってきます。ちゃんと子どもの目を見ていると、わかってくるはずです。

こういうことをする場合、最初は実際にお尻を叩かねばなりませんが、二度や三度にもならないうちに「ダダをこねても無駄だ」と学習する子がほとんどです。カウントダウンを始めると「あ、本気だ」とわかるものです。

もちろん、**親のわがままを押しつけるために「叩いてしつける」のは論外**です。道理に反したことを叱って教えるのが、親の仕事なのですから。

叩かなければならない場合は、**絶対に頭を強く叩いてはいけません**。また、耳を叩くと鼓膜が破れてしまいます。一番いいのはお尻です。ここは衝撃に強く、平手で力いっぱい叩いても大丈夫だからです。

こするように撫でるように「ペシッ」と。
ほかに、くすぐって笑わせる方法も

それ以外の場所では、1点に圧迫が集中しないように、**こするように、撫《な》でるように、「ペシッ」と叩きます**。

頭の中心に強い力がかかると脳挫傷《のうざしょう》を起こしてしまいますが、この方法なら衝撃が浸透せず、脳にダメージがありません。

この叩き方なら、「怒られた」「痛い」ということが子どもにわかりますから、それで大丈夫なのです。

もっといいのは、くすぐって笑わせるという方法です。4歳ぐらいになってきたら、叩くよりも効きます。

「言うことを聞くか」「いやだ」となったら、「じゃあ、くすぐるよ！」と。ゲラゲラ笑って

「もうやめてー！」と叫ぶぐらい、くすぐりましょう。数秒で充分です。

罰というのは難しいものです。中高生の部活などで罰ゲームとして筋トレをさせることがあるそうですが、そうすると「筋トレ＝悪いこと」となり、効果が下がってしまうそうです。大人でも、失敗とセットになった行為は避けたくなるでしょう。やるのが難しい「罰」のなかでは、「思いっきり笑わせる」ことは最良の一つではないでしょうか。

くすぐられて笑うと深呼吸になって体によいですし、笑うことは免疫力を高めるなどの効果もあり、親子の触れ合いにもなります。欧米、特に北欧諸国などと比べて、日本の家族はスキンシップが非常に少ないそうです。何でも外国の真似をすればいいというものではありませんが、これはぜひ取り入れてほしいものです。

また、男の子が10歳ぐらいになると、お母さんが叩いて言うことを聞かせるのは大変ですが、くすぐり作戦なら大丈夫です。

子育ては自分育て

先日、若いお母さんから「子どもをきつく叱ったら、半日ぐらいはシュンとしてしまいます。どうフォローしたらいいでしょうか」という質問をいただきました。

叱ったあとのフォローについては、あまり難しく考える必要はありません。

学校や会社といった人間関係では、アフターケアを考える必要性も高いでしょうが、一緒に暮らしている家族は違います。**叱ったあとは、普段通りに子どもと接していればいいのです。**

子どもは、自分が悪かったことを認められれば、親を悪く思うことはありません。

あまり「叱るか?」「褒めるか?」と単純に二択で考えなくていいのです。

悪いこと（道理・社会のルールに外れたこと）をしたら叱るべきですが、そのあとは引きずらないようにすることです。そして子どもが反省したら認めてあげて、遊ぶときは一緒に遊んだり、かわいがったりしてあげればいいでしょう。

叱るということは大事です。でも**「何を叱り、何を叱らないか」は、親である大人の人生観によります**。正しい人生観を持っていないと、叱らなくてはいけないときに叱らず、叱るべきでないときに叱る、ということになって、子どもが歪《ゆが》んだ状態になります。

何よりまず、親が充分に気をつけなければなりません。

だから、大人はいろいろなことを勉強して、正しい人生観、道理、生き方を身につけておく必要があるのです。

親らしさを学ぶ対象は、子育て「だけ」ではありません。親戚や近所の人、職場など周囲のすべての人たちから学ぶ姿勢を持つことが大切でしょう。

また、「子育ては自分育て」と、よく言います。「子を持って知る親の恩」ということわざもありますね。子どもを育てる大変さは、自分がその立場にならないと理解できないものです。

最初から完璧なお母さんやお父さんなんていないんです。子どもを育てる経験を通して、親も一緒に成長していきましょう。

第4章

子どもと遊ぼう！

——冷えとり流　遊ばせ方＆遊び方

新米ママ・パパにとって、赤ちゃんは少し触れただけでも壊れてしまいそうに思えます。でも赤ちゃんには意外と頑丈な面もあります。

では、どういうふうに触れ合えばいいの？

冷えとり流の遊ばせ方の基本と、具体的な方法をお教えします。

子どもの体は大人とは違う

人間の骨の数は、基本的に206個だと言われます。でも、これは大人の場合。子どもはもっと多く、生まれたばかりの赤ちゃんなら300個以上もあります。成長すると、小さな骨がつながって大きな骨になるので、数としては減るのです。

よく知られている「大泉門《だいせんもん》」は、赤ちゃんの前頭部にある、硬い骨のないくぼみです。1歳6カ月から2歳ぐらいまでの赤ちゃんの頭蓋骨《ずがいこつ》はつながっておらず、お母さんの産道を通りやすいように、骨をずらして産まれてくる、そのための空《あ》きなのです。

幼児がお辞儀をすると、体をペタンとたたむように180度曲げることができます。これは単に関節が柔らかいだけでなく、骨の隙間《すきま》が多いからという理由もあるようです。

外見ではわかりませんが、特に手首の骨は未形成で、レントゲン写真で見るとスカスカです。だから**強い力をかけてはいけません**。人間ブランコをしてあげる場合、骨格がしっかりしてくる6歳ぐらいまでは手を掴《つか》むのではなく、135ページの《図1》のように手首まで握るようにしましょう。

また、成長期の子どもは「心臓震盪《しんぞうしんとう》」にも注意しないといけません。ときどき、野球のボールが胸に当たった子どもが突然死した、などというニュースが流れてきます。ある特定のタイミングで心臓に衝撃が加わったとき、突然の心停止をする場合があるのです。特に子どもに起きやすいのは、子どもの胸郭《きょうかく》が柔らかいためだと言われています。

最近のスポーツ用品カタログを見ると、ちゃんと少年野球用のチェスト（胸）プロテクターが載っています。周囲の大人が「そんなものをつける必要はない」とか「昔は心臓震盪なんかなかった」と言い出すかもしれませんが、それは当時は研究が進んでおらず、わかっていなかっただけです。

知識がない他人を尊重するよりも、子どもを守るのが親の責任です。「大丈夫だろうと思っていたのに」と、後悔しないように気をつけましょう。

子どもと一緒に遊ぼう

個人差はかなりありますが、乳幼児は〝体軸ごと動くこと〟が大好きです。**赤ちゃんをあやすときは、左右、あるいは上下に軽く揺すってあげましょう。**しかし、赤ちゃんは頭蓋骨に隙間が多く、首も弱いので絶対に強く揺すってはいけません。赤ちゃんは軽い上下動は大好きですから、すぐに機嫌がよくなります。

赤ちゃんをうつ伏せにして、足を少し上げ下げするのも背筋腹筋が強くなります。ただし、うつ伏せにするときは、必ず目を離さないようにしましょう。

体を持ち上げられるのも喜びます。バーベル代わりになって、親もよい運動になります。親子ともに楽しめて一挙両得ですが、注意していただきたいことがあります。**このとき、普通に手や手首を掴んではいけません。**必ず《図1》のように手首まで握ってください。

まず、大人の親指を赤ちゃんに握らせます。次に、残り4本の指で、子どもの手首

図1　包み返し持ち

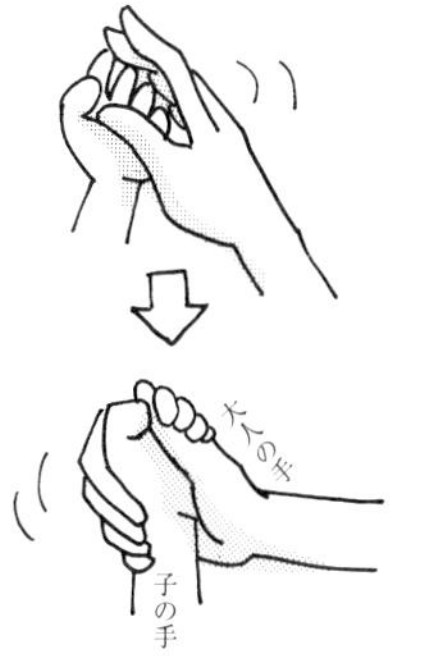

子どものてのひらに親の親指を握らせ、手首を握る

図2　引き起こし

必ず包み返し持ちで握る

を外側から包むようにします。子どもが大人の親指を包み、大人が子どもの手首を包み返すわけです。ここでは便宜的に、〝包み返し持ち〟と呼ぶことにしましょう。

新生児の持っている原始反射のなかに「把握反射」というものがあります。てのひらに何かが触れると、自然に指が曲がってしっかりと握る動作のことです。この反射は生後4カ月ぐらいで消えてしまいますが、その頃には「何を摑むのか」を理解したうえで、今度は自分の意志で握るようになります。

《図2》のように乳児の体を引き起こすときにも、この握り方をしましょう。慣れてくると、手を持っただけで喜ぶようになります。

手拍子・足拍子《図3》

「体を動かしたい」という欲求は、乳児のうちからあります。**膝《ひざ》の曲げ伸ばし運動は、夜泣き対策に有効です。**

また、ちゃんちゃんちゃんとリズムをとって、てのひらや足の裏を合わせてやるのもいいでしょう。

図3　手拍子・足拍子

手を持って
ちゃんちゃんちゃんと
手を合わせる

こうして関節を動かすことは、よい毒出しになります。

ぶら下がり《図4》

生後1週間ほどしたら、赤ちゃんの様子を見ながら〝ぶら下がり〟の準備を始めてみましょう。〝包み返し持ち〟で手首を持

図4　ぶら下がり

首が座ったら
ぶら下げる

図5　持ち上げ

脇に手を入れて持ち上げる

って、少し持ち上げるのです。**いきなりやらずに、徐々《じょじょ》にやることが大切です。**最初は、頭が少し上がるかどうかのところまでにします。頭がクラッと垂れるので、そこまでにして持ち上げていた手をそっと下ろします。

だんだん続けているうちに、2カ月ぐらいになると、文字通り〝ぶら下がり〟ができるようになります。

1〜2歳ぐらいになったら、「ほら、ジャンプするよ〜！」などと声をかけ、振り回してやると大喜びです。くれぐれも徐々に、細かく揺らしていきましょう。あまり大きく振りすぎて、家具にぶつからないよ

図6　高い高い

脇をしっかりと支える

図7　放り上げ

2～3歳ぐらいになればＯＫ

うに注意してください。少しコツがいりますので、成長後にいきなり始めようとすると大変ですが、赤ちゃんのうちからやっていると親もいつの間にか上手になっているでしょう。

高い高い・持ち上げ《図5・6・7》

寝返りができるようになったら、抱き上げて振り回したり、投げ上げたりする運動も可能になります。

前ページ《図5》のように脇に手を入れて持ち上げ、《図6》のようにリズムをとって高い高いをしたり、左右に振り回すのも喜びます。最初のうちは、脇をしっかりと支えるようにすると安心です。
さらに2～3歳頃になると、《図7》のように、天井にタッチするぐらいまで放り上げても大丈夫です。

逆さ吊り・手押し車《図8・9》

3歳ぐらいになったら、両足首を持って最初はゆっくりと逆さまに吊り上げ、慣れてきたら上下に動かしたり、振り回したりすると、キャッキャッと喜びます。《図8》

図8　逆さ吊り

図9　手押し車

図10　肩車

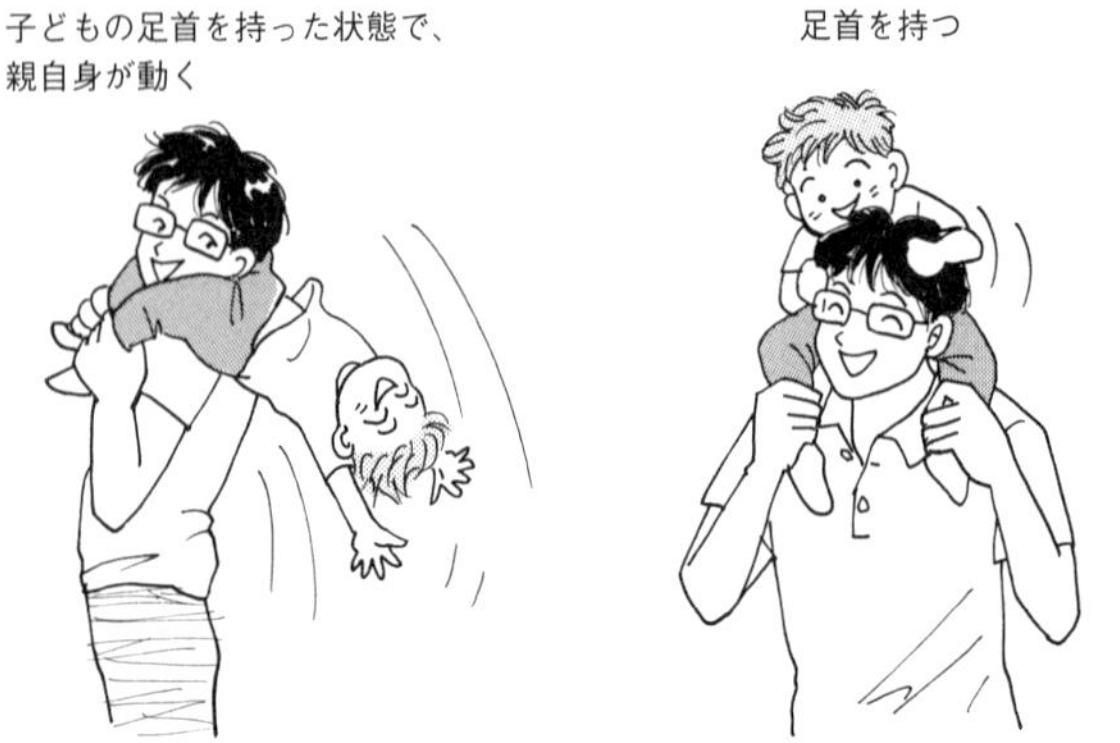
子どもの足首を持った状態で、
親自身が動く
足首を持つ

腕立て伏せの姿勢で、子どもの足首を持って、手で歩かせる〝手押し車〟なら、お母さんでもできますね。《図9》

うまく進めないときは、ふくらはぎのあたりを持ってやるといいでしょう。

ダイナミック肩車《図10》

まず肩車をします。そのまま子どもの足首を持って、親自身が前後左右に体を振ったり、急に止まったり、クルッと向きを変えたりします。**グワーンと揺れるなかで、子どもの平衡感覚が養われます。**《図10》

また、ドアや鴨居《かもい》のあるところなど、低くなっているところを通ります。当然、親は膝や腰をかがめるのですが、完全に子どもがぶつからないようには避けず、ギリギリ当たりそうな高さにします。一度や二度はぶつかっても、子どもが自分で頭を縮めるようになり、危機回避能力が磨かれます。また、肩車をしたままで、体を後ろに反らせれば、腹筋運動にもなります。

くすぐりっこ

衣服のところ（43、77ページ）でも説明しましたが、冷えとりでは「皮膚を摩擦すると毒が出る」と考えます。てのひらで「撫でる」「さする」といったことをすると、どんどん毒が出ます。自分で撫でても効果があるのですが、親子や夫婦で撫でっこするのは非常によいですね。

また、くすぐり合いをすると、お互いに自然と深い呼吸になりますから、これにも健康効果があります。

図 11

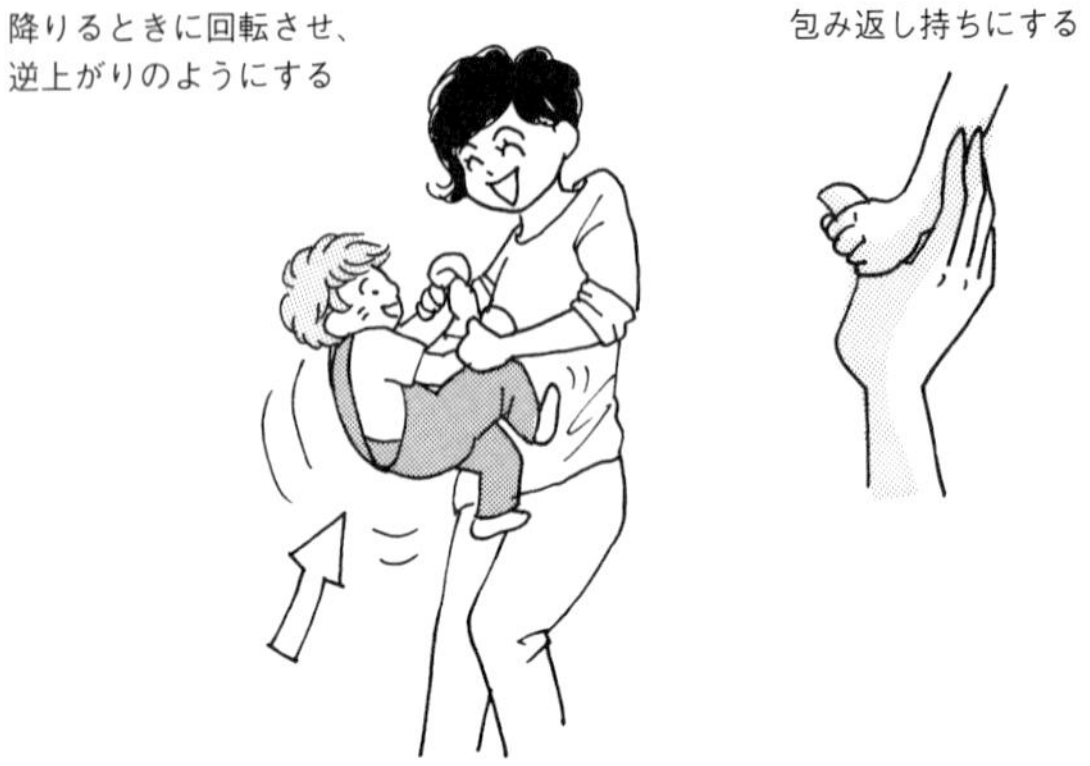

降りるときに回転させ、
逆上がりのようにする
包み返し持ちにする

お母さん登り（お父さん登り）《図11》

親子で向き合い両手を〝包み返し持ち〟して、歩くように親の体を登らせます。

慣れてきたら、クルリと逆上がりだってできるようになります。《図11》

こうしたダイナミックな遊び方は、お父さんの担当と思われがちですが、子どもが小さいときからやっていれば、意外とお母さんでもできるものです。

＊

このように、体を使う遊びをしていると、子どもの体から毒が出て健康になります。

しかも別のよい効果もあります。叱られ

た子どもが、親を恨《うら》んだりしないのです。恨むとあとで遊んでもらえないことが、幼児にも自然とわかるようです。

子どもと遊ぶ時間は、5～6分で十分です。少しずつ、段階を踏んで行ないます。同じことを3～4回やったら、他の方法に変えて遊んでみましょう。これも5～6分でいいと思います。

赤ちゃんの場合は、授乳後はすぐお乳を吐くことがありますから、しばらくしてからのほうがいいでしょう。逆に、「お腹がすいた」と泣く時には、遊んでやってから、その後に授乳するとよく飲みます。

年齢については、あくまで目安です。子どもによって違いますし、じっさいは親が子どもの様子を見ながら行なってください。

それと、子どもが喜んでいるかどうかにも注目してください。

親が夢中になりすぎたり、あるいは、義務のように「やらなければならない」と思っていたりして、肝心の子どもが楽しめていなければ意味がありません。子どもの気持ちを冷静に見ながら、一緒に楽しく遊ぶことが大切です。

既製品のオモチャやお菓子は控えめに

子どもたちの無限の創造性が育つかどうかは親次第です。想像力が働かないようにしていたら、せっかくの才能の芽も消えてなくなってしまうでしょう。

「ウチの子には、知育玩具で遊ばせています」というUさんが、素敵な北欧製の知育玩具を見せてくれました。

たしかに乳幼児のうちは、そうした専用のオモチャが役に立ちます。赤ちゃんはものの見え方が大人とは違いますから、原色の絵本やブロックに興味を持ちやすいのです。特に第一子だと、親も「〝親〟の初心者」ですから、プロのつくったものを活用してもよいでしょう。

でも、**オモチャは子ども自身につくらせたほうが、より創造性がはぐくまれます。**小さな子にお菓子や既製品のオモチャばかり買い与えるのは、あまりよいこととは言えません。

オモチャの自作と言っても、ノコギリやカナヅチで木工をする必要はありません。空になった牛乳パックや段ボールとハサミ、ガムテープがあれば、いろいろなものがつくれます。空きパックをいくつか集めれば飛行機や船になり、段ボール箱は家になるなど、応用範囲は無限です。

遊び方や楽しみ方が最初から決まっているものよりも、ルールや枠組み自体をつくっていくほうが、「つくる」力が養われるのは当然でしょう。複雑なルールのボードゲームだって、小学生ならつくれます。

だからテレビゲームのやりすぎも感心しません。とはいえ、大人が夢中になってゲームをしている時代ですから、子どもにだけ「ダメ」と言うのはずるいですよね。また、テレビゲームには、視覚から想像力をはぐくむ効能もあるという見方もあるようなので、一概には否定できなくなってきました。

遊ぶ時間などのルールを、親子で相談して決めましょう。その相談自体が、親子の触れ合いの時間となり、信頼関係を築く機会にもなるはずです。

包丁やハサミは、本人が興味を持ったら触らせる

半ば本能的に、子どもは親の真似をしたがるものです。

個人差がありますが、女の子だと2~3歳頃からままごとを始めます。やがてままごと包丁に飽きた子どもは、キッチンで本当のお手伝いをしたがります。

そこで本物の包丁を持って野菜を切ろうとすれば、最初は自分の指を切ったりもするでしょう。でも、いいのです。

よほどのことをしないかぎり、指を落とすほどの力は、子どもにはありませんから、少しのケガで済みます。2、3回切れば自分で気をつけるようになるので、切らせておけばいいのです。

もちろん、**絶対に目を離さないこと**。

指を落とせるほどの力はないとはいえ、包丁を落としたら足に深いケガをするおそれがありますから、充分に注意が必要です。

また、キッチンにはほかにも危険なものがたくさんあります。熱いフライパンや揚げ物の油などがあるときは、決して目を離さないようにしましょう。

工作で使うハサミについても「何歳から使わせたらいいでしょうか？」と聞かれますが、これも年齢ではなく**「子どもが興味を持ったら」**とお答えしています。

親が「工作は楽しいよ」という雰囲気を出したり、工作をしている教育番組を見せたりしていれば、自然と自分から使いたがります。

小さい子に使わせるときは、親がちゃんと見ていて、危ないと思ったら正しい使い方を教えればいいのです。

モーターで動く工具なら大ケガの危険がありますが、普通のハサミはそれほど危険ではありません。ちょっと手を切ることがあっても、その痛みで正しい使い方の大切さを学びますから、そばで様子を見ながらであれば、過度に神経質になる必要はありません。

最近は「紙は切れても手は切れない」というハサミもありますが、あまりそういったものに頼らず、きちんと危険を自分で察知できるようになるといいですね。

泥遊びをしよう！

近年の都会の住環境は、子どもが屋外で遊びづらくなっています。本当は近所の公園や安全な路地で遊べばいいと思うのですが、最近は「ボール遊び禁止」「遊具は危険だから撤去」「砂場は不衛生だから封鎖」といった話ばかり聞きます。

たしかに、ボールが近所の家に飛び込んだり、道路に子どもが飛び出したりするかもしれません。遊具に挟まれる事故も聞きます。でも対策が「とりあえず禁止」というのは、よい考えとは思えません。

何でもかんでも大人が「危ない」と言って遠ざけていたら、大人になったときに本当の危険に遭遇しても、自分の身を守れなくなります。

砂場が不衛生と言いますが、私たちが子どもの頃は、不衛生であろうが何であろうが遊んだものです。**今は「清潔」「除菌」にとらわれすぎではないでしょうか**。乳幼児のときから神経質になりすぎると、かえってアレルギー体質になるとも言いますし、昔のように泥だらけになって遊ぶことが子どもには大切だと思います。泥のなかのばい菌が少々ついたとしても、家に帰って洗えば済みますし、常日頃からしっかりと「冷えとり」をしていればなおのこと心配はいりません。

国際結婚でアメリカの農場に引っ越したTさんの話です。3歳になる男の子が庭の石を舐《な》めるので、慌てて取り上げようとしたそうです。ところがアメリカ人のお義母《かあ》さんは「大丈夫よ、舐めさせておきなさい。ミネラルの補給になるんだから」と笑っています。

最初は「とんでもない！」と思ったTさんですが、やがて少しずつアメリカ式の子育てに慣れていったそうです。

「汚いから泥遊びはやめなさい」としょっちゅう言っていたら、子どもだって嫌気がさします。

幼児期に粘土や泥などグニグニしたもので遊ぶことは脳を育てる、という研究もあります。むしろ汚れてもいい服を着て、親子で一緒に泥遊びをしてみませんか？

プールや水遊びのあとは、しっかり半身浴をさせる

「子どもに水泳を習わせたいけれど、体を冷やすのではないかと心配です」

たまにこういった質問も受けます。じつは水泳はそこまで体を冷やすものではありません。

水泳をしているときは、頭から足まで全身を水に浸けているので、上半身と下半身の温度差が少ないのです。むしろ、**足だけ水に浸ける水遊びのほうが冷えます。**

いずれにせよ、こういう場所ではとことん遊ばせて、帰ってから家でしっかりと半身浴させればいいでしょう。

武道場で裸足で行なう柔道や空手、剣道なども結論としては同じです。

練習中は裸足でかまいませんので、帰宅後にしっかり半身浴をして、冷えた分を取り戻せばいいのです。

都市部の子どもを外で遊ばせるには……

「最近の子どもはみんなで集まっても、下を向いて携帯ゲーム機で一斉に遊んでいるだけ」と大人がこぼすことがあります。でも、何もかも「危ない」「汚すな」と言われたら、どうしたってそうなります。大人たちがそうしたわけですよね。

近所の公園が危ないなら、ちょっと遠出して車の来ない場所まで行ってみましょう。キャンプ場やフィールドアスレチック場なんて気張らなくても、**鬼ごっこやボール遊びをする場所はあるもの**です。

もちろん、忙しいお父さん、お母さんにとっては、毎週末だって大変です。だから**近所の家族と協力して、交代制で連れていくようにすれば、自然とそういう習慣がつきます**。時間がなくてお金が出せるなら、ときには有料のサービスを利用してもいいでしょう。

子育て世代は誰だって忙しい――それは当然です。だからこそ時間は「ある」ものではなく「つくる」ものだと考えなければなりません。

「子どもを変えようと思ったら、親が変わらないといけない」と言いますが、それは単に心がけの問題だけではありません。何かを変えるためには、時間の使い方を変えなければならないのです。

子どもが生まれ、成長していくのに合わせて、自分の趣味や習慣、仕事の仕方など、何かを変えねばならないのは当然のことでしょう。

これを「失うこと」と考えると損した気分になりますが、「それらと交換に、親子の大事な時間を手に入れること」なのです。

友達というのは、家庭外ではじめて触れる社会との接点です。親がどうこうすることはできない部分ですが、だからこそ大人がちょっと工夫して、外で体を動かす助走を手伝ってあげてもよいのではないでしょうか。

冷えとりを遊びにする

「幼い子どもからは目を離すな」「子どもを変えようと思ったら、親が変わらねばならない」「子どもの顔を日々観察しよう」と言われると、「私には無理……」と尻込みしてしまうお父さん、お母さんもいらっしゃるかもしれませんね。

もしかして、「自分で頑張らないと!」と思いすぎていませんか?

冷えとりはこの30年ほどである程度普及しましたが、まだまだ世間の認知度は高くありません。保育園や幼稚園、学校の先生や近所の人が理解してくれないことがあると、孤軍奮闘している気分になってしまうでしょう。

あまり思い詰めることなく、得られる協力はすべて得ながら、〝できる範囲〟で〝最大限〟頑張ればいいのです。

そして、もっと大きな援軍があります。

「子どもに冷えとりをさせるには、親が率先すること」と述べましたが、逆もまた真なり――**「親が冷えとりに取り組むのに、子どもが率先する」という状態になったら、もっといいのではないでしょうか**。

「心臓は火属性で、冷酷な感情と対応している」「脾臓や胃は土属性で、肺の毒を引き受ける」といった木・火・土・金・水の陰陽五行図は、意外と小学生――特に男の子が好きだったりします。

親よりよほど早く覚えてしまって、「お父さん、最近顔色が青っぽくてイライラしているみたいだけど、肝臓にダメージが溜まっているんじゃない？　お酒を減らそうよ」などと言うようになるかもしれません。

逆に「最近、塩っ辛いものを体が欲しがるのはどうしてかな？」とクイズにして、『食べたい』という願望が、じつは『本当の望み』ではない」ことに気づかせることだってできるでしょう。

服装だって、楽しくやりましょう。

Sさんの家庭では「靴下の歌」を自作して、1枚1枚歌いながら重ねていきます。靴下を10枚履くようになったら「レベル10になった！」とか、プールの授業があった日は、自分から「今日は冷えたから2枚追加だ！」などと言って楽しそうです。

お風呂上がりに、履く靴下を全部並べて、お母さんやお父さんとどちらが早く全部履けるのかを競争するのもいいですね。

こうして遊びにしていけば、子どもは冷えとりを好きになりますし、親のほうも一緒に楽しい気持ちで冷えとりを続けられるでしょう。とても素敵なことだと思います。

第5章

冷えとり版・家庭の医学

——子どもの病気や発熱に

赤ちゃんが熱を出した！　子どものアトピーが心配……。
よくあることなんだろうけれど、どうしたらいいかわからない。
心配するだけでは何も好転しません。
その心配を学びに、学びを行動に変えて、親子で一緒に健康になりましょう。

病気の症状の意味と好転反応

子どもが熱を出したり「お腹が痛い」と言い出したりしたら、親は心配です。特に、原因がわからないような場合は、気が気でないでしょう。

そんなとき親は、「心配で心配でならない」と右往左往してしまいがちです。でも〝心配をすること〟で、子どもの具合がよくなるわけではありません。心配は学びに、学びは行動につなげていかなければなりません。

西洋医学では部分的なものの見方をしていて、単に「その部分が悪いのだ」と判断して、症状が出ている部分だけに目を向けがちです。一方、東洋医学を基本にした冷えとりでは、「症状には意味がある」と考えます。

意味① 警告

もし、胃の具合が悪いのに何も感じなかったらどうでしょうか？　消化できないのに胃袋に食物を入れて、さらに負担をかけてしまいます。だから「お腹が痛い」と感じるのは、悪いことではありません。むしろよいことです。

ただし、症状が同じ場所に出るとはかぎらず、たとえば膝が痛い、あるいは足にケガをする、顔色が黄色くなる……など、ちょっと意外な場所や形で出ることもあります。これらはすべて「胃が悪い」という体からの警告なので、しっかりと胃を休ませなければなりません。

意味② 肩代わり

体は、それぞれの臓器がお互いに悪いもの、すなわち〝毒〟を押しつけ合ったり逆に助け合ったりして、バランスをとっている——と東洋医学では考えます。

もっとも重要な五臓六腑《ごぞうろっぷ》が本格的に病気になると生命に関わりますから、その前に目・鼻・耳などに病気を肩代わりさせることがあります。

繰り返し蓄膿症《ちくのう》になって、何度も耳鼻科で手術する人がいますが、これは鼻が呼吸器と消化器の肩代わりをしているのです。こういう場合は、鼻を治すのではなく、呼吸器と消化器を養生するようにしたほうが、根本的な治療になります。

意味③　毒出し（瞑眩）

鼻血や下痢《げり》は、悪いことでしょうか？　たしかにドバドバ出ていたら心配になりますが、もっと本質的な部分に目を向けましょう。

風邪で熱が出るのは、白血球がウィルスを攻撃しているから。熱が出なければむしろ体は風邪に負けてしまいます。最近は「むやみに解熱剤を使うな」という認識も広がってきたようですが、鼻血も下痢も同じことです。

五臓六腑に溜まっている毒は、あらゆる方法で体外に出ようとします。漢方では**「汗吐下《かんとげ》」**と言って、「汗」「吐く」「下（排泄《はいせつ》）」で出すとしています。実のところ、咳《せき》や吹き出物、唸《うな》り声、あくびなども、すべて「体から出す」行為です。

毒をどんどん出していけば、やがて症状は消えます。しかし、薬などで無理やり症状を抑えてしまうと、どんどん毒が溜まっていって、やがて生命を脅《おびや》かすような、大きな病気につながることもあり得ます。

自宅を例に考えてみてください。ゴミを捨てなければ、いずれ生ゴミの悪臭がしてきて、とても住めない状態になるでしょう。それを役所が「ゴミを出すことは禁止します」と言ってきたら、大変なことになります。むやみに解熱剤や下痢止めを使うのは、それと同じことなのです。

おたふく・はしか・水疱瘡《みずぼうそう》なども、本来は毒出しと考えています。大人になってからだと重症化しますから、子どものうちに罹患《りかん》しておけるといいですね。

冷えとりを始めると、しばらくして湿疹《しっしん》が出てきたり、ひどい咳が出始めたり、治ったはずのアトピーが再発したりすることがあります。これももちろん毒出しです。「健康になろうと思って冷えとりを始めたのに、こんな症状が出てしまうのでは意味がない」と思われるかもしれませんが、これは体が元気になって毒出し力が高まったから起こる好転反応です。冷えとりでは、**「瞑眩《めんげん》」**と言います。

病気は、体に毒が溜まりすぎて、すっかり弱ってしまったから出てくるものなので、症状も重くとにかくしんどいと感じます。瞑眩の場合は、同じように症状が出ていても、体は元気なので、目に見える症状は同じでも、本人はそうしんどくない場合がほとんどです。

また、面白いことに、**眩暈には本人の事情を考慮してくれるようなところがあって、日常生活を送るのにあまり支障が出ません**。眩暈で始終ひどい咳をし続けているのに、大切な会議で発表するときにはピタッと止まって、不思議と声もまったく枯れていない……などということも、めずらしくありません。

ただ、体の奥にあるとりわけ大きな毒を出すときは、眩暈といえどもこちらの忍耐が試されるような、つらい症状に耐えなければならない場合もあります。

そういうときは、「本気で自分の体と向き合いなさい、ってことだな」と受け止めて、全力で冷えとりに取り組んでください。

24時間ずっと半身浴をし続けたっていいのです。そういうときは、**たいてい、その人にとっての人生のターニングポイントにいることが多い**ようです。これを乗り越えると、それまでとは違った世界が拓《ひら》かれていることを感じられるでしょう。

皮膚病・中耳炎は気にしない

昔は小学校のクラスに1人や2人は、青洟《あおばな》を垂らした子どもや耳だれの出ている子どもがいたものですが、最近は全然見かけません。だから「鼻たれ小僧」なんていう言葉も実感がなくなりましたね。これはどういうことでしょうか？

話は簡単で、今は薬を出してすぐに治してしまうからです。

でも、これは私からすれば考えものです。青洟も毒出しですから、出すべきものを出しているのです。それを無理に止めてしまうと、別のところの具合が悪くなってしまいます。

胃や腎臓の毒は耳に行き、外耳炎《がいじえん》や中耳炎になって耳だれが出ます。呼吸器や消化器の毒は鼻に行き、青洟などになります。

肺や肝臓が悪いと、皮膚からその毒を出そうとして湿疹やかぶれ、アトピーになります。

「薬できれいに治りましたし、ほかに症状は出ていませんよ」という方もおられますが、その影響は見えないところに行きます。皮膚病を簡単に塗り薬で解決しようとすると、その毒が内臓に行って蓄積されてしまうのです。

これは、子どもの年齢によって異なります。10歳ぐらいまでは排毒能力が高いので、甘いものや添加物を含んだものを食べると体が敏感に反応して、素直にそれを排出しようとします。

しかし**10歳をすぎると、内臓の毒に耐える力が強くなり、同時に毒を排出する能力が下がってきます。**

「ウチの子は何度も中耳炎になったんですが、中学に入るぐらいでコロッと治りました」という例が多いのですが、これは毒を溜め込み始めたということ。今はいいかもしれませんが、長年経《た》って毒に耐える力が衰えてくると、一気に体を悪くしてしまいます。

青洟や耳だれは、見栄えは悪いかもしれません。でも子どものうちは症状を出しておくほうが、長い目で見たときにはずっとラクになるということです。

アトピーは肺や肝臓の強い毒を出している

現代では、昔はほとんどなかったような症状に悩まされる子どもが増えています。それだけ現代の生活が冷えを溜めやすいということなのでしょう。

でも前に書いたように、10歳ぐらいまでの子どもは毒を出す能力が強いので、変に止めようとしないほうがいいのです。

アトピー性皮膚炎は強い毒を出す症状です。特に肺と肝臓の、がんになりやすい毒を排出しています。5歳児の強いアトピーを塗り薬できれいに治したら、白血病になってしまったという例もあります。白血病は「血液のがん」とも呼ばれる白血球の悪性腫瘍《しゅよう》で、この場合は皮膚という出口を失った肝臓の毒が血液に出て発症したのです。

アトピーの治療で、皮膚科の医師は「洗ってはいけない」「掻《か》いてはいけない」と言います。でも冷えとり的には正反対で、「お風呂に入って洗おう」「かゆいときは掻こう」です。

強く掻き続けて血が出るぐらい傷つけると、普通は痛みが勝ってかゆみを感じなくなりますが、アトピーのひどい子は傷の上からでも掻きたがります。かゆみの不快感は、掻いた瞬間には快感になるからです。

アトピーを抱えるSさんは、かゆみを「掻いた直後の快感が約束されている、猛烈な不快感」だと言います。ひとしきり掻き終わったあとというのは、息を止めて水に何分も潜《もぐ》ったあとに水面に出て酸素を取り込む瞬間ぐらいホッとするものです。それを抑えようとするとイライラが募《つの》り、あきらかに心身によくありません。

また、起きている間に我慢しても、人は眠っている間に掻いてしまうものです。手袋をつけて紐《ひも》で縛って眠れば掻くこと自体は止められます。でもそれは毒を出したいという本能を無視した行ないです。

「掻くとヒスタミンが出て、もっとかゆくなるから掻いちゃダメ」と言われます。たしかに皮膚の細胞や神経には、掻くほどかゆくなるという仕組みがあり、西洋医学の観点からは〝困った仕組み〟だと思われています。でも、そうした〝かゆみを増幅させる仕組み〟は、生物が本来的に持っているものです。だから、もう少しそれを信頼しませんか？

かゆみというのは、言ってみれば「自分で自分の皮膚を傷つけなさい」という信号です。しかし、それだけ聞くとかゆみそのものの存在意義がわかりませんよね。でもこれは**「毒を出す出口が狭いから、広げてください」という合図**なのです。だから血やリンパ液がダラダラ出ようとも、拭《ふ》きとりながらどんどん掻けばいいのです。

そうすると、毒の溜まり具合によって異なりますが、数カ月から数年で跡形もなくきれいに治ってしまいます。

アトピーは難病だと言われますが、冷えとりをちゃんとやれば、なんということはありません。がんになるような強い毒なのですから、軽い病気ではありませんが、きちんと取り組めば簡単だという意味では、冷えとり的には「難病ではない」のです。もちろん瞑眩は出てくるので、覚悟して本気で取り組む必要はあります。

喘息をラクにする呼吸法

喘息《ぜんそく》も、排毒能力が下がって症状が隠れる病気です。喘息になる人は、じつは呼吸器だけでなく、心臓・消化器も悪いのです。実際、強心剤を処方すると喘息の発作が治まるということで、一時期はたくさん使われました。

普通の呼吸困難は「空気を吸えない」症状なのですが、喘息は逆に「空気を吐けない」という苦しさです。これは気管支の平滑筋《へいかつきん》が締まってしまう状態で、陰陽五行《いんようごぎょう》図（13ページ）では「白」の属性――「強欲」と対応しており、欲のために吸い込んだ息を吐けなくなる、と説明されます。

普段から、息を吐くことを意識しましょう。特に、**腹式の深呼吸がおすすめ**です。心を落ち着けて、お腹に力を入れながら全身の息を吐ききります。そうすれば、自然に空気が入ってくるでしょう。入ったら、その状態で少し息を止めて、また吐きます。よい毒出しになりますよ。

卵アレルギーも毒出しで消える

Cさんは冷えとりで膠原《こうげん》病を克服した方です。やがて結婚されてお母さんになったのですが、生まれた女の子には卵アレルギーがありました。Cさんは自分の経験から、娘さんにも冷えとりをさせていました。しっかり半身浴をさせて、湯たんぽは毎晩3個入れていました。

あるとき、その子が40度の高熱を出しました。しばらくしたら下がったものの、10日後にまた発熱。それを2～3回繰り返したあと、Cさんから驚きと喜びの報告がありました。「卵アレルギーが、すっかり消えてしまいました!」と。

発熱と休息によって、しっかり毒出しできたことがよかったのではないかと思います。

毒出しは、体に最初から備わっている自然治癒《ちゆ》力です。冷えとりはその効果を最大限に高めるサポーターなのです。

鼻をかんで鼻血を止める

鼻血は脳の毒出しです。

脳の毒が鼻から出るというのは、変に聞こえるでしょうか？　でも、高齢者の鼻血は止めてはいけないと、ある耳鼻咽喉《いんこう》科の教科書に書いてありました。これは下手《へた》に鼻血を止めると脳卒中を引き起こす場合があるからで、西洋医学の世界でも一定程度認められていることなのです。

体力のない高齢者ほどではないにしても、大人も子どもも体のつくりは同じです。チョコレートを食べて鼻血が出たときに、ティッシュを詰めたり首の後ろの「盆の窪《くぼ》」をトントン叩いたりして出血を止める民間療法がありますが、これはいけません。せっかく自然に出ていこうとしているものを止めても、あとでまた同じことになってしまいますから。

出るに任せて、むしろ2～3回強く鼻をかんでしまいましょう。最初は鼻血がドバッと出ますがすぐに止まります。

Bさんの小学4年生の息子さんは、よく鼻血を出していました。ティッシュを詰めて止めても、むずがゆくて、無意識に鼻をほじって出血してしまうのです。これも「毒を出したい」と体が言っているのです。

昔は「鼻血で死ぬことはない」と言われていました。でも最近は違います。止血しようと止血剤や降圧剤をバンバン使っていると、いずれは止まらなくなり、結局はそれが大病につながって生命を落とすこともあります。

これは鼻血だけでなく鼻汁・咳・痰《たん》でも同じことです。**咳をこらえようとせず、むしろ積極的に出すようにしたほうがラクになりますよ。**

世間が「鼻血は止めたほうがいい」と言っても、あまり気にする必要はありません。不安を抱くと、その心理状態が新たな冷えとなり、毒を溜めることになってしまいます。乱暴なようでも「毒が出ていくのだからラッキー」と思い切って出してしまうほうが、よほど心身にいいのです。

秋口の長期微熱や春の花粉症は、不摂生が原因

秋口になると、微熱が1カ月も2カ月も続く子どもがときどきいます。

医師は、原因らしいものがないので「結核ではないか」と疑って精密検査をするのですが、結果に問題はなく、首を傾《かし》げます。これも冷えが溜まってきたために起こる発熱です。

普段から体を冷やす生活をしているうえに、夏はプールや海で遊びます。全身を水につけるならまだしも、水遊びは下半身だけを冷やしますから、頭寒足熱とはまったく逆になってしまい、冷えが加速します。それでも暑いうちは大丈夫なのですが、**秋口になって気温が下がってくると、本能が「体を温めなければ！」と判断して、発熱するのです。**

これを解熱剤で下げようとすると、体は「そんなことをされてはたまらない」と、また熱を出します。解熱剤が切れるたびに微熱がぶり返し、いつまでも続くことにな

ります。

こういう場合は薬など与えずに、しっかり半身浴をしていれば3日ほどでリセットされて治ってしまいます。

季節性の病気というと、花粉症があります。

秋に出てくるブタクサ花粉症もありますが、一番は春のスギ花粉症です。戦後の植林政策でスギが増えたせいだと言われますが、同時にこれは肝臓の毒出しでもあります。

13ページの陰陽五行図にある通り、東洋医学では春は肝臓の季節です。

肝臓は解毒の臓器ですから、春になって体の排毒作用が強くなります。現代人は冬に間違った暖房法で体を冷やして毒を溜め込んでいますから、スギ花粉というきっかけを得てクシャミや鼻水などの形で毒を出しているのです。

陰陽五行図で膵臓・脾臓・胃といった消化器を司《つかさど》る「土用《どよう》」は季節の変わり目で、秋は肺の季節です。だから夏の終わりから秋にかけて、肺や消化器の毒を出そうとして、アレルギー性鼻炎が起きやすくなります。

花粉やダニ、ホコリをゼロにすることはできません。そもそも平気な人がいるのですから、原因物質を排除するのではなく、冷えと食べすぎに注意して毒を体内に溜めないようにするほうがいいとは思いませんか?

朝、食欲のない子、夜中に目の覚める人

Hさんは中学生の娘さんの夜驚症《やきょうしょう》に悩んでいました。

「すっかり眠ったあとの午前3時頃、突然大きな声で叫ぶんです。本人は覚えていないみたいなんですが、様子が尋常じゃなくて。以前は『小学校高学年になったら自然に治る』と言われたのですが……」

現代の医学では、脳の睡眠中枢が未発達なことが夜驚症の原因だとされています。でも、大人にも夜驚症があるのはどうしたことでしょうか。

じつは夜中にいろいろな症状が出るのは、おもに肝臓が悪いからです。夜中の1〜3時までは肝臓の毒出しの時間だからです。

次ページの図のように子午流注《しごるちゅう》と言って、**体内時計にはそれぞれの内臓の時間があります**。「五臓六腑」と言うときの心臓を「心」と「心包《しんぽう》」に分け、「六臓六腑」を2時間ごとに受けもっています。

六臓六腑の時間

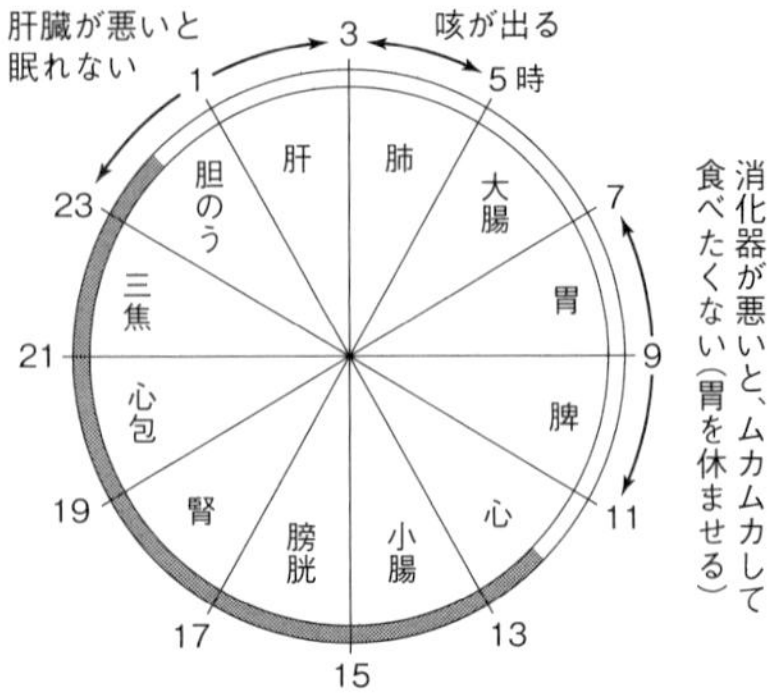

仕事の都合で就寝時刻が不規則なMさんは、0時に寝ても3時に寝ても、4時半頃になると寝苦しくなって目が覚めてしまうそうです。環境のせいかと思ったのですが、旅先でも引っ越してもも変わりません。もともとMさんは喘息持ちで、肺が弱いことの影響が出ているのです。

この体内時計は昼夜逆転生活をしている人でも、そうでない人と同じ時間が適用されます。ただし外国ではその土地の時間に合うので、太陽の動きと連動しているのでしょう。

子どもでも、朝はご飯を食べたくないけれど、昼になったらケロッとして普通に食べられる子がいます。これは仮病ではなく消化器の具合が悪く、体が「休ませてくれ」と訴えているのです。

生活時間をずらせるなら、朝食を7時より前にしてみると、よくなる可能性があります。もちろん、家庭環境によっては難しい場合もあるでしょうから、叩き起こして食べさせる、なんてことは必要ありません。

よく「朝食を食べないと力が入らない」と言いますが、必ずしもそんなことはありません。考えてもみてください。動物はお腹がすいているときに狩猟や採集をしますよね。人間も脂肪やタンパク質を貯《た》めていますから、それをエネルギー源にして行動できるはずなのです。

ところが毎日「食べなければ力が入らない」と思いながら食べていると、本当にその機能が働かなくなってしまいます。ちょっと意外なようですが、心の持ちようは内臓の機能に大きく影響しているのです。

ご自身の体のことです。**世間の常識だけで判断するのではなく、ちゃんと体の声を聞くことができれば、**自然と健康的な生活を送れるようになりますよ。

おわりに

私は子どものころ、勉強というものがまったくできませんでした。父は医者でしたが「勉強しろ」とは言いませんでした。「学校の勉強よりも大切なものがあるのだから、それでいい」という考えだったようです。

親が遊びに連れて行ってくれるところは、たいていは山や海でした。

夏に山に行けば「この野草は食べられるぞ。食ってみろ」と言われて食べてみたり、冬に雪が積もれば「水がなくて雪を食べるときは、表面の汚いところをはらって中のきれいなところを食べるんだ」と雪を頬張ってみたりと、今で言うサバイバル的なことを習いました。

山登りをするときは、すれ違った人と必ず挨拶《あいさつ》をすること。これは仮に遭難した場合に探してもらえる手掛かりになります。海へ行って岩場で遊ぶときは手元足元に気をつけること。足元が不安定な上に岩の角で皮膚を切りやすいからです。

このように自然の中での身の守り方を教わるうちに、自分で考えて行動することを学びました。私が少々ケガをしても、父には「お前がぼけっとしているからケガをするんだ」と叱《しか》られたものです。今から思うと、そのおかげで根性はついたと思います。自分自身の性格は欠点だらけですが、なんとか社会で生きていける力を身につけてくれた親には感謝しかありません。

この年になって思うのは「順風満帆《じゅんぷうまんぱん》な人生などありえない。人生の90％が試練と鍛錬で、10％が幸せなのだから、嫌なことがあって当たり前。それに耐え抜く根性と知恵を身につけることが一番大事」ということです。

面白いことに「冷えとり」をしているとなぜか肝《きも》が据《す》わってくるようです。足を温めるということだけで面白いものですね。そんな馬鹿な、と思われるかもしれませんが、試していただければ実感できるものと思います。

冷えとりの講習会には、「不妊で困っていましたが、冷えとりで妊娠・安産でした」と喜ぶお母さんがよくいらっしゃいます。

ただ気になるのは、ほとんどの方が赤ちゃんに靴下を履かせていないことです。親も赤ちゃんも、冷えるのは同じだということが、なかなか理解していただけません。

私自身は一度も妊娠出産したことがないので、子育てについて偉そうなことは言えません。ただ、両親に育てられた経験と、冷えとりに取り組むみなさんからいただいた声が、この本をまとめる助けになりました。

講習会では「先生」扱いされますが、私自身はかなり欠点のある人間であって、「みなさんと一緒に学ばせてもらっている」と感じています。

ぜひしっかり半身浴をして、靴下もたくさん履き、足元ポカポカ、心もポカポカにして、一緒に進んでいきましょう。

二〇一六年一〇月

進藤幸恵

全国の冷えとりショップのご案内

北　海　道

●アイティーブ　山本栄子

〒002-8007　札幌市北区太平7条4丁目10-17
TEL：011-773-0178／FAX：011-774-7055
hietori@apost.plala.or.jp

●冷えとりの会　後藤幸子

〒079-8444　旭川市流通団地4条5丁目23-1
TEL&FAX：0166-48-7773／携帯：090-5953-8686
sachiko.silk1219@docomo.ne.jp

東　北

●冷えとりの座　むかご

〒028-0114　岩手県花巻市東和町土沢8-151
TEL&FAX：0198-42-2067／携帯：080-5740-1357

●ぬくぬくや　中村ひとみ

〒981-3352　宮城県富谷市富ヶ丘1-9-27
（有）エムケーオーコーポレーション内
携帯：080-5743-0175　FAX：022-348-1726
nukunuku.105.myuu@ezweb.ne.jp

関　東

●冷えとり くるみの会　鈴木雅恵

〒321-0923　栃木県宇都宮市下栗町2937-23
TEL：028-634-0909／FAX：028-633-0839
zou-no-ashi@train.ocn.ne.jp

●さくら接骨院　赤堀秀夫

〒306-0226　茨城県古河市女沼262-3
TEL&FAX：0280-23-3750

●鍼灸院やすらぎ　吉田真紀子

〒300-0323　茨城県稲敷郡阿見町大形285-63
携帯：090-3914-5541
yasuragi481@gmail.com

●安家座 はるな

〒370-3346　群馬県高崎市上室田町5472
TEL：027-388-8245／FAX：027-388-8246

●生協我孫子生活センター　早川靖子

〒270-1151　千葉県我孫子市本町3-6-4
TEL：047-184-0078／FAX：047-183-7288

●かおり鍼灸院　酒井香織

〒270-1151　千葉県我孫子市本町3-5-1　安井ビル301
TEL：090-3539-4126（FAXはありません）
sakai-sgko@aroma.ocn.ne.jp

●プラナ松戸治療室　稲森英彦

〒270-2253　千葉県松戸市日暮2-3-2　相田ビル502
TEL：047-389-2047

●サロン・スズ　鈴木みえこ

〒275-0026　千葉県習志野市谷津7-7-63-601
携帯：090-6718-7756
suzu.unite@gmail.com

●OLIVE cafe　冷えとり　新井悦子

〒338-0014　埼玉県さいたま市中央区上峰4-13-14
TEL&FAX：048-853-4215

●スイートサイト　浜野博己

〒332-0034　埼玉県川口市並木2-6-2　カズサビル１Ｆ
TEL：048-256-3341／FAX：048-256-3344

●繭結《まゆ》　長澤乙加

〒177-0034　東京都練馬区富士見台2-1-11　あずまビル１Ｆ
TEL：03-5848-3917／FAX：03-5848-3915
info@candykate.com

●安家座

〒252-0303　神奈川県相模原市南区相模大野6-12-2
TEL：042-765-3348／FAX：042-765-3433

●冷えとり健幸　浜の集い　土井悦子

〒222-0003　神奈川県横浜市港北区大曽根3-2-18
TEL&FAX：045-541-1955
peko.papa...@docomo.ne.jp

●冷えとり健康 さわらび舎　柳沢睦茂

〒399-8102　長野県安曇野市三郷温1858-3
FAX：0263-77-3125／携帯：090-4213-1845

●冷えとり シルクの会　福澤すみ子
〒399-8303　長野県安曇野市穂高町2596-3
ペンションラリーグラス内
TEL：0263-82-2795／携帯：080-1247-6211
FAX：0263-82-6430
silk@mx2.avis.ne.jp

●のふとまある　根本洋子
〒381-0007　長野県長野市金箱398-7
TEL：090-2306-0411／FAX：026-296-5952

北　陸

●フルラボ
〒940-2106　新潟県長岡市古正寺3-302-105
TEL&FAX：0258-29-5478

●浅尾衣料品店　浅尾和子
〒930-0897　富山県富山市田刈屋137-6
TEL&FAX：076-432-6462

東　海

●アゴの会　鷲巣通江
〒422-8042　静岡県静岡市駿河区石田3丁目10番29-1号
TEL&FAX：054-287-4522

●841楽天店（通販専門で実店舗ではございません）**金原弥生**
〒438-0086　静岡県磐田市見付5807-6
http://www.rakuten.co.jp/841t
TEL：0538-30-6518
shop@841t.com

● ㈱山英

〒436-0003　静岡県掛川市日坂121

TEL：0537-27-1024／FAX：0537-27-0566

info@yamaei.net

● 茶山花の会　松葉口律子

〒485-0051　愛知県小牧市下小針中島2-16

TEL&FAX：0568-72-7826／携帯：090-1096-1251

Sazanka1251@docomo.ne.jp

● ファイブそっくす

〒487-0006　愛知県春日井市石尾台5-5-5

TEL：0568-95-3154／FAX：0568-95-3054

hietori@5socks.com

● ナチュラル・ライフ・デザイン　南真琴

〒515-0063　三重県松阪市大黒田町563-2

TEL：0598-21-8055／FAX：0598-21-8056

［完全予約制］

関　西

● 萌　冷えとりこうほねの会　森脇瑞子

〒620-0804　京都府福知山市石原５丁目139　SARA-A

TEL&FAX：0773-27-6055

moe-kouhone@maia.eonet.ne.jp

● 美種《みしゅ》　馬場貴美子

〒578-0943　大阪府東大阪市若江南町２丁目1-5

TEL&FAX：06-6722-8523

info@mishu.jp

中　国

●ことこと　山本ことみ

〒690-0881　島根県松江市石橋町167-4
TEL：090-9068-1077
FAX：0852-25-2452
kottynew@yahoo.co.jp

●こでまり舎　宮谷保子

〒716-0003　岡山県高梁市高倉町大瀬八長2273-3
TEL&FAX：0866-23-1011
kodemari@athena.ocn.ne.jp

●冷えとり 麦の会　温水澄子

〒720-1131　広島県福山市駅家町万能倉35-72
TEL&FAX：084-976-7277

沖　縄

●Relaxation room 安楽　安楽夕記

〒901-0306　沖縄県糸満市西崎町5-12-9　パパラギ内
TEL：070-5413-9058
[完全予約制]
info@anrak.net

☆各ショップで販売のすべての商品に関して、進藤義晴・幸恵はマージン等一切いただいておりません。また、全国の講演や勉強会につきましても、基本的に靴下の販売は行なっておりません。

☆冷えとりを目的とした、治療の一環として靴下をお分けしているショップもあります。

☆靴下を購入希望の方や商品や冷えとりに関するご質問は、まず最寄りのショップへお問い合わせくださいませ。

装丁◎根本佐知子（Art of NOISE）
本文イラスト◎ミツコ・リー
編集協力◎杉山モトヤス&キヨミ

著者紹介

進藤義晴（しんどう　よしはる）

1923年生まれ、1948年大阪大学医学部卒業。1971年小牧市民病院勤務。1981年同病院退職。退職後、自宅で治療院を開業。1991年に閉院。

進藤幸恵（しんどう　ゆきえ）

進藤義晴の二女。子すずめ・くらぶ主宰。父に代わって10年ほど前から講演や勉強会に出るように。父・義晴と夫と猫6匹と暮らす。

子すずめ・くらぶ　進藤幸恵

〒485-0048　愛知県小牧市間々本町282-1

TEL：0568-76-0295

FAX：0568-71-5647

kosuzume@ma.ccnw.ne.jp

※ご質問等はまず最寄りのショップ（p.182～187）へご連絡ください。

本書は、書き下ろし作品です。

PHP文庫　妊娠・出産＆子育て
お母さんのための冷えとり術

2016年11月15日　第1版第1刷

著者　進藤義晴
　　　進藤幸恵
発行者　岡修平
発行所　株式会社ＰＨＰ研究所
東京本部　〒135-8137 江東区豊洲5-6-52
文庫出版部　☎03-3520-9617（編集）
普及一部　☎03-3520-9630（販売）
京都本部　〒601-8411 京都市南区西九条北ノ内町11
PHP INTERFACE　http://www.php.co.jp/
組版　朝日メディアインターナショナル株式会社
印刷所
製本所　図書印刷株式会社

ISBN978-4-569-76636-2

幸せになる医術

これが本当の「冷えとり」の手引書

進藤義晴／進藤幸恵　共著

正しい「冷えとり」をして心も体も温める！　半身浴と靴下重ね履きをする他に春夏秋冬、衣食住など、本物の冷えとりで本物の健康を目指す。

【B6判変型】　定価　本体九五二円（税別）